相手も自分も納得する

ビジネス対話の技術

堀　公俊　著

はじめに

最近、人と意見がぶつかったのは、誰と、いつ、何についてですか？

会社で上司と意見があわない、家庭で口論が絶えない、隣の住人と揉めごとが続いている……。人は、いろいろな場面で人とぶつかりあい、葛藤と軋轢を積み重ねながら、毎日の生活を送っています。

人それぞれ、別の人格を持っている以上、他人と全く同じ考えを持つことはありえません。少なからず意見の不一致が生まれます。

もし、「最近、ぶつかったことはない」という方がいらっしゃったとしたら、人と関わらないようにしたり、いつも相手にあわせて譲ったり、空気を読んで葛藤を避けているだけなのかもしれません。たくさんの人と関わって生きている以上、ある程度の衝突は避けられないはずです。

となると、ぶつかるのを避けることも大切ですが、解決の仕方が問題になってきます。その衝突、どうやって決着をつけましたか？

決着がつかずに、そのままになっているという方。時間が解決してくれるならいいですが、放置している間に抜き差しならなくなるということはありませんか。

何とか自分の意見を通したという方。頑張ったかいがあって、よかったですね。でも、相手が本当に納得してくれたのか、不安になりませんか。勝利を得るために、相手を出し抜いたり、気まずい思いをしたり、何か犠牲を払っていませんか。

言いくるめられて、言い分を取り下げざるをえなくなった方。とっても悔しいですよね。次こそは負けないよう頑張りたいですよね。少しでもこちらの主張を認めさせないと、それこそメンツに関わりますから。

このように、人と意見がぶつかったときに、「取った／取られた」の構図で話し合いがちです。それは、少なからず双方に遺恨を残し、互いの関係においては、あまりよい決着のつけ方とはいえません。

二者択一以外の解決策も検討されず、本当によい答えである保証もありません。どこかで痛み分けにしたとしても、双方不満足に終わるのがオチです。いずれにせよ、あまり賢い方法とは言い難いのではないでしょうか。

そこで本書が提唱したいのが、「協調的なコミュニケーション術」です。自分も相手も高い満足が得られる、本質的な解決策を目指す話し合いの手法です。

筆者は、ビジネスから市民活動まで、さまざまな会議、ワークショップ、研修、プロジェクトをファシリテーター（後述）として舵取りしてきました。人と人が激しくぶつかりあい、葛藤のエネルギーの中から創造と変革を生み出し、素晴らしい集団に成長していく場面に何度も関わってきました。

そんな筆者が、実践の中から培ったスキルとノウハウを、誰もが活用できるよう「三つの原則」と「三つのスキル」に集約しました。

それを、明日からでもすぐに役立つよう、豊富な会話例と実践的な演習問題を交えながら具体的に解説をしていきます。ビジネス交渉から人間関係のトラブルまで、ありとあらゆる場面で活用していただければ、大変うれしいです。

今まさに深刻な対立を抱えている、意見を通そうとすると喧嘩腰になる、いつも譲ってばかりで歯がゆい、気まずくならずに言いたいことを言いたい、空気を読むのにホトホト疲れた……。そんな悩みを持つ方は、とにかく一度、本書を通して読んでみてください。きっと、現状を打開するヒントがいっぱいつかめるはずです。

ではは前置きはこれくらいにして、協調的な問題解決に向けてのステップを踏み出しましょう。対立を恐れず、葛藤を怖がらず、勇気を持って一歩前へ！

2010年　2月

堀　公俊

もくじ

☆第5章☆　協調的な問題解決を実践してみよう！──179

第1章

なぜ話し合いが険悪になってしまうのか？

1 こんなとき、あなたならどうしますか？

◆明日のプレゼンが間に合わない！

Aさんは、新興のインターネットサービス会社に勤める社員です。

彼が勤める会社には、2週間に1回、新しいビジネスのアイデアの提案を、社長の前でプレゼンテーションできる制度があります。入社8年目で中堅となったAさんも、日ごろのアイデアを実現できるチャンスとばかり、上司の了解をとりつけ、明日のプレゼンの準備を進めてきました。

金勘定にうるさい社長のこと、かならず収益性についていろいろ質問があるはず……。そう思ったAさんは、マーケティング課に所属する同期のBさんに、市場規模の分析をお願いしました。

「君がそこまで入れ込んでいるのなら、喜んで手伝うよ」とBさんは二つ返事。「もし採用されたら、僕も鼻が高いよ。一緒に頑張ろうぜ！」とまで言ってくれました。

ところが、前日の午後遅くになって、Ｂさんに資料をもらいに行ったところ、何だか雲行きが怪しいのです。


〔Ａ〕そろそろ明日使うパワポにデータを貼り付けたいんだけど、分析結果をもらえないか。

〔Ｂ〕え〜と……。何の分析だったっけ？

〔Ａ〕おいおい、何を言っているんだ。先月頼んだ、新規ビジネスの市場規模の分析じゃないか。

〔Ｂ〕ああ、そうだったよね。すまん、すまん。

〔Ａ〕脅かさないでくれよ、それで、どんな形でくれるんだい？

〔Ｂ〕それが……悪いけどさあ、全く手がついていないんだよね……。

〔Ａ〕ン？　どういうこと？　あれほど頼んで、君も快く引き受けてくれたじゃないか。

〔Ｂ〕そのつもりだったんだけど、あれから、部長からの特急の仕事が舞い込んで、今月は、それどころじゃなくなったんだよ……。

〔Ａ〕冗談はよしてくれよ。あのデータがなければ、プレゼンできないじゃないか。

〔Ｂ〕まあ、そう怒るなよ。機会は何度でもあるんだし。今月は忙しくて無理だから、２ヵ月くらいプレゼンを延ばさないか。その間に市場調査をしっかりやって、社長をうならせるデータをつくってやるよ。そのほうが絶対にいいよ。
〔A〕そうはいかないよ。もう、明日のプレゼンにエントリーしてあるし、上司からの期待もかかっているんだ。いまさら取り下げるなんて、不細工な真似ができるわけがないだろう。8年も会社勤めをしていて、そんなことも分からないのか？
〔B〕その言い方はないだろう。忙しい中、君の頼みだからこそ、一肌脱ごうと思ったんだぞ。
〔A〕思っただけでは意味がないだろ。本当にそう思うのなら、今からでもいいからやれよ。残業すればできるだろう。
〔B〕それがさあ、そうはいかないんだよ。夜に、異業種交流の勉強会があって、ちょうど今晩は僕が話題提供者になっているというわけさ。
〔A〕ふざけるなよ！　自分の都合でやっている勉強会と会社の仕事とどっちが大事だと思っているんだ！
〔B〕それはこっちの台詞だ！　プレゼンを先送りするのが、そんな大げさなことなのか。どうしてもやりたければ、関連する資料を全部渡すから、自分でやればいいじゃないか。プレゼンが通らなかったとしても、知らないからな。
〔A〕はは～ん。最初からそういうつもりだったんだな。君はいつもそうだ。調子のいいことばかり言って、最後はいつも僕が尻拭いさせられるんだ。もう君には一切何も頼まないよ！
〔B〕そっちこそ、自分のことばっかり考えて、僕が人がいいのをいいことに、いつも無理難題を持ちかけてくる。迷惑をこうむっているのは、こっちのほうだよ。もう君とはつきあいきれないよ。勝手にしろ！

◆相手を説得する三つの方法

せっかく、力をあわせて社長にプレゼンするはずが、築いてきた友情にヒビが入る始末になってしまいました。こんなとき、皆さんだったら、どうしますか？

おそらく、多くの方がやろうとするのが**説得**だと思います。

自分の主張をよく相手に話して聞かせ、相手がそれを受け入れるまで、粘り強く説き伏せていくアプローチです。相手を譲歩させて、こちらの考えに従わせるわけです。

なかでも、ビジネスの世界でよく使われるのが、**功利的説得**です。

自分の考えを採用するほうが〝得〟になり、相手の考えを採用することが〝損〟になることを、筋道立てて説明するやり方です。

先ほどのケースでいえば、今週のプレゼンが通れば、Aさんは自分の夢が実現でき、Bさんはその協力者として会社で認められます。事業が成功すれば会社も儲かります。

反対に、準備不足でプレゼンに臨んでも恥をかくだけかもしれません。Bさんは勉強会をドタキャンすることで社会的な信用を失うかもしれません。

であれば、「どっちをとるのがトータルで得になる」か、互いの損得を論理的に比較・検証していって、折り合いをつけるしかありません。ある意味で一番分かりやすい決着のつけ方です。

それでうまくいかないときは、**規範的説得**をとることが多くなります。

「一旦、約束したからには、何があってもやり通すのが、まともな大人のすることじゃないか」という論法です。倫理、道徳、道義、モラル、マナーといった社会的な規範を持ち出して、どちらが人間の振る舞いとしてふさわしいのか、「善悪」の構図で説得するのです。

ビジネスパーソン同士、同じ会社に勤める仲間、年代が近いなど、同じ価値基準の中で生きている人間であれば、説得力のあるアプローチです。逆に、国際間、異業種間、世代間といった、価値観が同じでない人同士の話し合いでは、うまくいかないことが増えてきます。

功利的説得も規範的説得も難しいときはどうしましょうか？

そうなると最後は「泣き落とし」しかありません。**感情的説得**と呼びます。「ここまで頭を下げて頼んでいるんだから……」「私の顔に免じて……」「ここはひとつスッキリと……」という言い回しです。「好悪」や「快・不快」といった感情に訴えて、相手に受け入れてもらうアプローチです。

説得力はそれほど高くないのですが、相手や状況によっては思わぬ効果を発揮することもあります。損得や善悪の話を積み重ね、それでも相手が折れないときに、「最後の一押し」として使うのが常套手段です。

◆説得で納得が生まれるのか

ところが、どんな方法をとろうが、説得には致命的な問題があります。

当たり前の話ですが、こちらが説得すると同時に、あちらも説得しようとすることです。

こちらにはこちらの損得や善悪があり、あちらにはあちらの損得や善悪があります。論理と論理、価値観と価値観が真正面からぶつかりあって、思うように相手は納得してくれません。

両者に、圧倒的な説得力の差がなければ、「どちらが正しい」という、果てしない論争に発展していきます。

しかも、**人は「説得されると抵抗する」という心理が働きます。**

人から正しいことを一方的に言われると、頭で受け入れられても、心（腹）では受け入れられなくなります。自分が相手の理屈が正しいと分かっていても、自分の考えに執着するようになります。頭ごなしの説得はかえって反発を招くのです。

さらに、「一度主張したことは最後まで貫き通したい」という**一貫性の原理**もそれを後押しします。「正しいか正しくないか」ではなく、「とにかく相手に負けたくない」という気持ちになり、意地になってしまうのです。

◆駆け引きを繰り返して妥協する

こうなってしまうと、終着点は三つしかありません。

一つは、冒頭の事例のように「君となんか話ができない！」と**決裂**してしまうことです。これも一つのやり方かもしれませんが、互いの問題は何も解決しないというのは、いうまでもありません。まさに最悪のシナリオです。

二つ目に、「これでは決着がつかないので、頭を冷やして後で考えよう」という**回避（先送り）**です。決裂よりはマシですが、これも何も解決はしません。

「なんなら手伝ってやろうか」という奇特な人が現れることが期待できるならまだしも、単なる先送りは事態を悪化させるだけです。

そこで多くの方がとるのが**妥協（痛み分け）**です。どちらの言い分ももっともだから、互いに半分ずつ譲り合って引き分けにしましょう、というアプローチです。この事例でいえば、次のような決着のつけ方です。

Aさん：明日プレゼンをやりたい
Bさん：プレゼンを2ヵ月延ばしたら
妥協案：プレゼンを1ヵ月延ばそう

駆け引きを通じて、説得と譲歩を繰り返し、どこかで手打

図表1-1　トーマス&キルマンの５つの対立モード

モード	内　容
回避	対立が起こるのを避けたり、決着を先送りしたりする。
競合	自分の考えを一方的に主張して、相手に受け入れさせる。
受容	自分の主張を腹に収め、相手の主張を受け入れて従う。
妥協	それぞれの主張を譲歩しあって、痛み分けで決着を図る。
協調	互いの主張を満足させるため、協力して問題解決を図る。

ちにする方法です。

いつも半々で折り合いをつけるばかりではなく、7：3とか6：4とか、力関係によって着地点は変わってきます。とはいえ、どこかで痛み分けにしたという意味では、すべて同じです。

議論を尽くした上で、どちらの言い分も、それなりに通っているのですから、円満に解決したように見えます。実はそれが、大きな落とし穴なのです。

◆延々と繰り返す因縁の対決

こういった**駆け引き型**の話し合いでは、たくさん取ったほうが勝者となり、少ないほうが敗者となります。勝ったほうの満足度が高いのと裏腹に、負けたほうには不満が残ります。

真ん中で分け合っても、取った分より失った分が気になります。「危うく0％になるところが、50％もとれた」とは思わず、「100％とれるものが、50％に減ってしまった」と考えてしまうのです。結局、どこで分けようが、両者とも満足感と不満がないまぜになります。

妥協からは真の納得は生まれません。

いくらかでも「負けた」という気持ちがあれば、かならず「次こそ完全勝利を」という気になります。相手もそう思いますから、また似たような問題が起こったときに、リターンマッチ

（因縁の対決）が始まるわけです。

そうすると、説得と譲歩を繰り返してどこかで妥協するというパターンが繰り返され、いつまでたってもそこから抜け出せなくなってしまいます。

あるいは、何回リターンマッチをやっても、一方が優位に終わるということが続けば、戦線は別の分野に拡大していきます。

弱いほうは、この論戦では勝てないと思い、何か別の手段で取り返しを図ろうとするからです。たとえば、仕事の面ではBさんに泣かされているAさんが、プライベートな面でBさんを懲らしめようとする、といった具合です。どんどん戦線が広がり、不毛な消耗戦に突入していってしまうわけです。

◆協調的な問題解決を目指そう！

さらに問題なのは、妥協ばかりしていると、本質的な解決や創造的なアイデアに結びつかない点です。

妥協して1ヵ月プレゼンを延ばしたからといって、部長の特急仕事でBさんが忙しいのにかわりはありません。果たして精度のよい分析が本当にできるのでしょうか。Aさんにしても、

「1ヵ月待ってください」で本当に信用が保てるのでしょうか。

最悪の場合、1ヵ月延ばしたのに、市場分析が今ひとつで、かえって信用をなくしてしまった、という事態も考えられます。これでは何のための妥協なのか分かりません。

両者が本当にやらないといけないことは、時間稼ぎなのでしょうか？　その他に、もっとよい方法は考えられないのでしょうか？


私は、**妥協というのも一種の回避（先送り）**と考えています。

お互いの摩擦を避けたり、真剣に考えるのがわずらわしかったり……。もっとよい解決策が考えられるはずなのに、面倒なので痛み分けで手打ちにしましょう、というものです。

そのことは、世の中の人すべてが、痛み分けで意見の食い違いを解消しようとするとどうなるかを考えれば分かります。


「仕事をしろ」「やりたいくない」「じゃあ、半分だけでいいや」

「都会に住みたい」「田舎に住みたい」「じゃあ、中間地帯でいいや」

「離婚したい」「離婚したくない」「じゃあ、家庭内離婚でいいや」

「もう死にたい」「死んではいけない」「じゃあ、仮死状態でいいや」

最後のは半分冗談ですが、いかがでしょうか。

安易に妥協してしまうと、足して2で割る以外のアイデアもいっぱいあるはずなのに、全く

それが俎上に上がってきません。揉めごとはなくなりますが、何も問題は解決されません。意見やアイデアの角が全部とれてしまい、まるでぬるま湯にひたっているような状態になります。

そんなことを繰り返していて、人間や社会に成長があるのでしょうか。

どちらも満足できるような本質的な解決策を考える。それが本来の姿のはずです。え、そんなことができるのかって？　それが本書で述べる「協調的なコミュニケーション術」です。

2 対立は決して悪いものではない

本題に入る前に、問題や対立についての、基本的な考え方をおさらいしておきたいと思います。もう分かっているという方は、読み飛ばしてくださって結構です。

◆なぜ分かっていてもやめられないのか？

本書では、**世の中の問題はすべて対立である、**という立場で話を進めていきます。

問題とは、「期待と現状の差」（高橋誠『問題解決手法の知識』日経文庫）であるというのが、一般に広く受け入れられている定義です。問題解決とは、あるべき姿と現実のギャップを埋めて、現状を期待に近づける活動を意味します。

そのためには、問題解決を阻害する要因（原因）を見つけて取り除く必要があります。問題解決アプローチと呼ばれるやり方です。

ところが、これが結構難しく、「原因が分かっているが取り除けない」という状況が多くの問題で見られます。典型的なのがダイエットです。

肥満の原因は、カロリーの過剰摂取かカロリーの消費不足です。そんなこと小学生でも分かっているのに、多くの人がダイエットで苦しんでいるのは、その原因を取り除けないからです。美味しいものを食べたい、運動は苦しい、運動の後の一杯が最高だ！……といった欲求を抑えるのが難しいからです。

要するに、「やせたいけど、やせられない」という**ジレンマやトレードオフが問題の本質なのです。**この対立を打ち破る方法を見つけない限り、決して問題は解決しません。

会社の中で起こっている問題の多くも同じ構図です。

皆さんは、「こうすれば問題解決するのに、なぜ上司はそうしないの？」と思った経験はありませんか？　それは、上司の力不足だからなのではなく、そうすることのデメリット（反作用）があるからです。ジレンマがあって、うかつに手が出せないのです。

さらにもっと大きな問題になると、対立が網の目のように入り組み、問題の構造そのものが問題となります。

会社の風土の問題がまさにこれです。採用、教育、戦略、規則、意思決定、リーダーシップ、マネジメント、コミュニケーションなど、ありとあらゆる要因が複雑に絡み合い、何が原因で何が結果かよく分かりません。

しかも、多くの場合に、「社風がぬるま湯だから変革が進まない→変革が進まないからぬるま湯だ」と悪循環の構造となっています。構造やシステムを壊さないと問題解決できないのです。

いかがでしょうか。問題とは大なり小なり対立、すなわちジレンマ、トレードオフ、悪循環などであるということは、分かっていただけたでしょうか。

問題解決とは、こういった対立を解消することに他ならないのです。

◆日本特有の摩擦を避ける文化

にも関わらず、そもそも私たち日本人は、対立を扱うのが大の苦手です。

文化人類学者エドワード・ホールが提唱した「ハイコンテクスト文化／ローコンテクスト文化」という考え方を紹介しましょう。

コンテクストとは、行動の裏にある文化的・社会的な背景を意味します。具体的には、言語、知識、情報、価値観、考え方、経験などです。それを共有する度合いによって、文化を二つに分ける考え方です。

日本はアジアの諸国と並んで典型的なハイコンテクスト文化です。だからこそ、目で通じ合う、以心伝心、察し合う、空気を読むなんて芸当ができるわけです。一方のローコンテクスト文化の代表選手は他民族国家であるアメリカです。簡単に言えば、「言わなくても分かる文化」か、「言わないと分からない文化」かの違いです。

「言わなくても分かる文化」の日本は、（地域によって多少濃淡はありますが）**対立をあからさまに表に出そうとしません。**

もちろん、意見の違いはあるのですが、大っぴらにそれを出すのは野暮の極み。互いに察し合い、場の空気を読みながら、阿吽の呼吸で意見を調整していきます。しかも、公の場ではなるべく行わず、一対一の根回しでやります。

それは、互いの長いつきあいを考えれば、少々の意見の違いは飲み込むほうが得だからです。いらぬ摩擦を起こし、人間関係に溝ができると、村の一員としてやりにくくなるからです（逆にいえば、摩擦を起こすときは、村から出て行く覚悟でやります）。

「和を尊ぶ」というのは、狭い島国でほぼ単一民族が何千年にもわたり暮らしてきた、生活の知恵です。この**摩擦を避ける文化**は、今の若者にもしっかりと受け継がれています。

私たち日本人は、対立を「和を乱す」悪いものだと思っています。対立から逃げたり、対立を避けようとします。ひょっとすると、世界で一番対立が苦手な民族なのかもしれません。

でも、それで本当によいのでしょうか？

◆なぜ極悪非道の人を弁護するのか

対立には、数々のメリットがあります。問題解決に絞っていえば、次の二つです。

一つは、**対立があることで、問題解決の質が上がる**という点です。

分かりやすいのが裁判の制度です。どんな罪を犯した人にも、かならず弁護士がつきます。検察側・弁護側の二手に分かれ、互いに自分の側が有利になるよう議論していきます。これは、わざと対立を起こすことで、できるだけ間違いのない意思決定をしようというのが狙いです。

裁判に間違いは絶対に許されません。被疑者の人権を守るという意味もありますが、裁判への信頼が損なわれると、私刑や仇討ちの世界に逆戻りしてしまうからです。

決定への信頼度を高めるには、いろいろな角度から検討することが欠かせません。一方の側からだけ見てしまうと、どうしてもヌケモレや偏りが生まれてしまいます。

なので、対立する立場を置いて、相手を説得することを通じて、幅広いものの見方を集めようとしているのです。ある意味で、**意思決定の質を上げる、一番簡単な方法だともいえます。**

政治の世界でもそうです。与党と野党が違った政策を掲げ、論戦を通じて互いの正しさを主張し合うことで、よりよい政治が行われます（のはずです）。一党だけだと、とんでもない暴走をしかねないことは、多くの歴史が物語っています。

対立がないというのは、ある意味で、とっても怖いことなのです。

◆ヨソモノ、ワカモノ、バカモノ

対立のもう一つの利点は、**異なる視点をぶつけあうことで創造性を生み出す**ところにあります。

皆さんは、「ヨソモノ」「ワカモノ」「バカモノ」という言葉を聞いたことがおありでしょうか。

地方自治の時代を迎え、全国のまちでは多くの方が地域活性化に取り組んでいます。いわゆる「まちおこし」です。

ところが、地方を取り巻く状況は厳しくなる一方で、そう簡単にまちおこしができるわけがありません。金も人材も情報もない中、地域の人が必死に格闘しているというのが、まちおこしの現状です。

そんな中、全国のいろいろな成功例を調べていくと、一定の成功パターンがあることが知られています。それが、ヨソモノ、ワカモノ、バカモノの存在です。

地域の外から来た人、失敗を恐れない若い人、常識をわきまえない人が、主体的に地域に関わって、地元の人と一緒に活動することで、まちおこしが成功するというのです。

たとえば、ＮＨＫのテレビ番組「プロフェッショナル～仕事の流儀」に登場した、地域活性化のアドバイザーである木村俊昭氏。彼の果たす役割は、番組の中で次のように説明されています。

「地域再生の知恵袋として、全国を飛び回り、街おこしの相談にのっている木村。（中略）木村は、『よそもの』の目で、地元の人たちが気づいていない魅力や可能性を指摘する。地元の人にとっては、身近なだけに、価値を見いだせずにいることが意外に多いのだという。（中略）

『ばかもの』とは、あふれるほどの情熱と行動力を持ち、一度信じたら、最後までがむしゃらに突き進む人のこと。普通は『どうせ無理だろう』と考えがちな事も、一縷（いちる）の可能性を信じて挑戦する。最初は周囲から冷ややかに見られることもあるという。しかしそのがむしゃらな姿が、次第に人々の心を動かし、協力者を増やし、うねりをつくっていくのだ。

木村も、小樽市職員時代、その『ばかもの』ぶりで、職場の仲間や市民たちを巻き込み、さまざまな街おこしの成果をあげてきた。そして、今、全国各地の地域に『ばかもの』を生み出すために、来る日も来る日も人に会い続けている。」（ＮＨＫのホームページより）

何か新しいことを起こすには「波風を立てる」人が欠かせません。その波風が、眠っていた水をゆさぶって増幅し、次第に大きなうねりとなっていきます。これは、まちおこしに限らず、会社の仕事でもサークル活動でも全く同じです。

対立があるからこそ、それを解消しようと、ありとあらゆるアイデアを考えます。何とか壁を乗り越えようと、問題解決へのエネルギーも高まります。その結果、相互作用が高まって、最初は思いつかなかったような創造的なアイデアが生まれてきます。

対立こそが、創造の源になるのです。

◆適度な対立はチームを強くする

たしかに、同じ考え方を持った人が集まった同質性の高いチームのほうが、まとまりやすくて運営は楽です。

ところが、意見が偏りがちで、新しいものを生み出す力は強くありません。一番怖いのは、馴れ合いになり、チームが調和することが目的化してしまい、全員でとんでもない方向に走っていくことです。

逆に、異なった考えを持つ人を集めた異質性の高いチームは、チームをまとめるのに相当な時間とエネルギーを要します。

しかしながら、チームの中に緊張関係があり、チェック&バランスの機能が働き、常に問題を多面的な角度で検討できます。斬新なアイデアやブレークスルーを生み出しやすくなります。後で詳しく述べますが、**チームとして一つにまとまりつつ、意見が違うというのが理想型です**。それが私の言う**適度な対立**です。

特に、多様な民族が集うグローバル社会は、究極のローコンテクスト文化です。会社の中でも外国人をはじめ、異なる文化を持った方々と一緒に仕事をする機会が増えてきました。「摩擦を避ける」なんてことをやっていると、それこそ世界から取り残されてしまいます。

チームの中で適度な対立を持つことは、チームの活動の質を高めてくれます。質が高まれば、自ずと成果も高まります。

摩擦を恐れず、互いのホンネを出し合い、建設的な対立を起こしていく。そんなチームこそが真の強いチームだといえるのではないでしょうか。

3 協調的なコミュニケーションの三つの原則

では、実際に対立（問題）を抱えているときに、どう解決をしていけばよいのか。まずは、すべての活動の基本となる「三つの原則」を、しっかりと頭に入れておきましょう。

◆原則1――「人」ではなく「関わり」を変える

皆さんは「組織（チーム）とは何か？」と訊かれたらどう答えるでしょうか？

おそらく多くの方が、いろいろな条件をつけた上で、「人の集まり」だと答えるのではないでしょうか。人が集まって組織ができる。ごく自然な考え方だと思います。

ただ、たまたま通勤電車の同じ車両に乗り合わせた人を組織とは呼びません。目標を分かち合い、人と人がしっかり関わり合っているのが組織です。

だとすると、**組織とは関わり合い（関係性）の集まり**だとも、定義できることになります。

「そんなの、どっちでもいいじゃないか」と思う方がいらっしゃるかもしれませんが、実は、これによって随分やり方が変わってくるのです。

前者の立場に立つ方は、チームがうまくいかないときに、人を変えようとします。

対立でいえば、相手の考え方がふさわしくないと思い、それを変えさせようとするのです。まさに説得をしてしまうのです。

ところが、他人の考え方を変えるのは至難の技です。変えようとすればするほど抵抗してきます。果てしなくエネルギーを要する作業となります。

それに対して、後者の立場をとる人は、相手が悪いとは考えません。

自分も相手も悪くなく、互いの関係性が悪いと考えます。関係性を変えれば、対立が解消できると考えるわけです。

関係性は互いの相互作用によって生まれてきます。相手が簡単に変わらない以上、自分が変わることで、関係性に変化を与えるしかありません。

図表1-2　二つの組織観

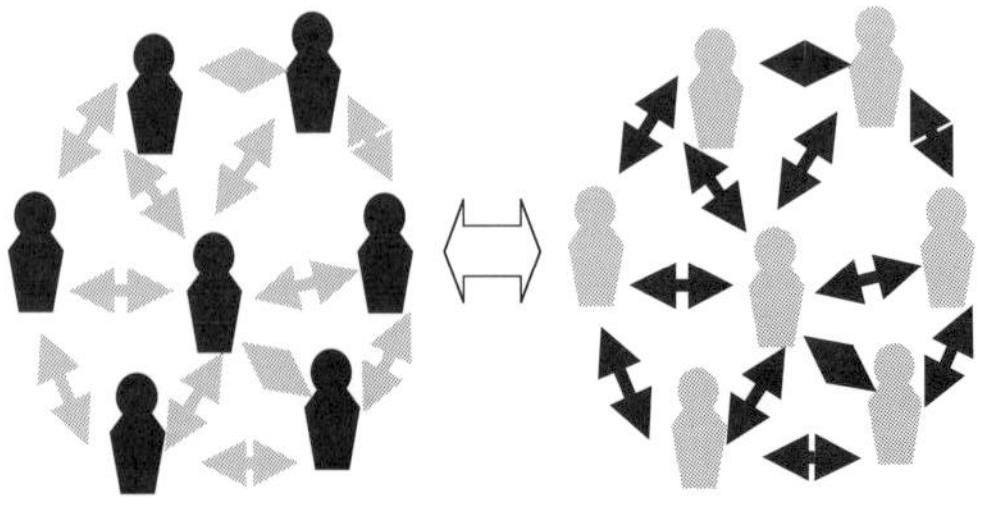

組織＝人の集まり　　組織＝関係性の集まり

関係性が変われば、相手が変わってくれるかもしれません。自分も相手も変わり、対立が解消できる可能性が出てきます。これが、後者の立場に立つときのアプローチです。

◆メンバーのやる気を引き出すには

そのことを実際の事例で説明してみましょう。

ある会社で、やる気のないメンバーを抱えて悩んでいるリーダーがいました。上司から与えられた最低限の仕事しかやらず、主体的に問題を見つけて解決するという姿勢が全くありません。しかも、少しでも仕事を多く与えると、「無理です」「私にはできません」と取り付く島もない。

途方にくれたリーダー氏は「あんなやる気のない人は見たことがない」「だから、今どきの若い人は使えないんだ」と私に嘆きます。

そこで私は、「言うことをきかないなら、担当を変えるぞ」と脅してはどうかとアドバイスしました。リーダー氏の返事は、そんなことはできないし、やっても「じゃあ、どうぞ。無理なものは無理ですから」と諦めの答えが返ってくるだけだというのです。

だったら、話は簡単です。そこまでやっても相手が変わらない以上、互いの関わり方を変えるしかありません。

私は、そのメンバーへの関わり方を変えるようにアドバイスをしました。「やる気がない」とレッテルを貼って決めつけるのではなく、やる気が出るような関係を築くべきではないかと。

不承不承、リーダー氏は、メンバーへの関わり方を180度変えました。温かく声をかけ、親身に仕事のやり方を教え、成果ではなく、行動を褒めるようにしました。それでも、ちょっとハードルの高い仕事を頼むと「無理です」と返事が返ってきたそうです。

以前なら「なぜ、無理なんだ！ だから君は……」となるところですが、今度は違います。「まだ自信がないのかな。分かったよ、この仕事は私がやっておくから、君は君の仕事でベストを尽くしてくれ」と自分が引き取るようにしました。しかも、毎週のように、何度断られても、粘り強くこのやりとりを繰り返したそうです。

そうやって、3ヵ月が過ぎたある日、メンバーがリーダー氏のところにやってきました。「先日お断りした仕事ですが、気になって自分なりに少しやってみたのですが、こんな感じでよいのでしょうか」と言うのです。

それを聞いたリーダー氏は、感激のあまり、思いっきり褒めたそうです。それがメンバーへの何よりのご褒美となり、以後、見違えるほど積極的になったということです。

人を変えるには、自分の関わり方を変えるしかありません。しかも、本気で相手に関わらないと、相手は変わってくれません。この一件が、まさにそのことを教えてくれます。

◆原則2――「関係」（ヒト）と「問題」（コト）を切り分ける

皆さんは、反対意見が返ってくると、その中身を吟味する前に「私に逆らうのか」とカチンときたりしませんか？　自分を守ろうと、意地になって反論したりしませんか？

そうなんです。私たちは、**意見を否定されたときに、人間が否定されたと考えがちになるのです。**

だから、私たちはそう思われたくないから、あえて反論をせずに飲み込んだりするわけです。逆に、覚悟を決めて意見を否定するときは、あわせて相手の人間も否定しがちになります。「だから君はいつも……」「そもそもあなたは……」という言い回しです。

要するに、私たちは常に意見が人間と一体となっているのです。対立がうまく扱えない一つの原因がここにあります。

一方の、ローコンテクスト文化の国では、この二つを切り分けて考えます。互いの人間関係は大事だけれども、意見は意見で正々堂々と遠慮せずに話し合おう、という姿勢です。

私はアメリカの現地法人に駐在をして、3年ほど働いたことがあります。赴任したばかりの頃は、この点でまさにカルチャーショックを覚えました。

事情もまだよく分からない私が、会議中につたない英語で一生懸命に発言するのに、「それは違う」とバッサリと否定されてしまうのです。しかもかなりコテンパンに。そういう文化だと頭で分かっていても、相当へこみました。

ところが、会議が終わると「おい、今晩一緒にメシを食おうぜ」と仲間として温かい声をかけてくれます。この人たちにとっての会議はゲームのようなものではないかと思ったくらいです。

この点は、私たち日本人も見習うべきではないでしょうか。

日本人が互いの関係性を大切にするのは、日本人の美徳であり、長期的に見れば合理的な考え方だと思います。それを捨てる必要は毛頭ありません。

だからといって摩擦を避けるのではなく、問題解決のためには、対立を厭わず喧々諤々と議論を尽くすべきです。となると、方法は一つしかありません。

「関係」（ヒト）と「問題」（コト）を切り分ける。

これが、協調的に対立を解消するための二つ目の原則です。

◆なぜ上杉景勝と直江兼続は喧嘩できるのか？

ところが、こんな話をすると、「それができれば苦労しないよ」という反論がよく返ってきます。相手がそう思ってくれなかったら、この作戦は通用しないからです。

それに対する私の答えはシンプルです。**日常の関わりの中でしっかりとした信頼関係を築いておいて、意見を否定しても人間が否定されたと思われないようにする。**これしかありません。

現に、優れた参謀スタッフと呼ばれる方は、みんなそうしています。

私もかつてそうだったのですが、参謀スタッフというのは、トップに意見を具申するのが仕事です。トップの目や耳となって、意思決定に必要な判断材料を現場から集め、包み隠さず伝えることが期待されています。時には、材料だけではなく、採るべき選択肢やお勧め案を具申することもあります。

そこで悩むのが、自分の意見がトップの意向と違う場合です。堂々と「あなたは間違っている」と言えるかどうかで、参謀スタッフの力量が問われます。

対立を嫌がってトップのイエスマンになってしまっては、何ための参謀なのか分からなくなります。トップのほうも、耳の痛い話を聴いて、考えを改めるだけの度量が求められます。まさに、トップと参謀との関係性によって、参謀という役割が生きるか死ぬかが決まるわけです。

たとえば、歴史に残る参謀スタッフといえば、NHKの大河ドラマ「天地人」でも取り上げられた、上杉家の名家老・直江兼続を挙げないわけにはいきません。「義」を貫くためには、上司である上杉景勝だろうが、時の権力者の徳川家康だろうが、堂々と正論を吐く気概の人物です。

ドラマのクライマックスの一つに、上司と部下の真剣な対立シーンがありました。

上杉家追討の兵を挙げた徳川家康が、西国で石田三成が挙兵したことを知り、大慌てで取って返そうとする。それに対して、家康を挟み撃ちにする絶好の機会であると、追討を主張する直江兼続。敵を背後から討つのは、組織の行動原理である〝義〟に背くという上杉景勝。両者が、たくさんの兵の面前で、つかみかからんばかりに大喧嘩をする迫力のシーンです。

トップと参謀が堂々と喧嘩できるのは、日ごろの厚い信頼関係が強固な地盤としてあるからこそ。経営理念を共有しつつ、トップは参謀を100%信頼し、参謀はトップに終世の忠誠を誓っている。だからこそ、安心して意見の対立が起こせるのです。

ちなみに、両者の対立は「それなら俺を殺してから家康を攻めろ」と命がけで説得され、参謀のほうが折れます。

素晴らしいのはそのあとで、直江兼続は気持ちをスパッと切り替えて、徳川追討を主張する部下を諫めるのに奔走します。もちろん、その後も、トップに対する忠誠は少しも揺るぎません。

普段から厚い信頼関係をつくり、意見が違ったら正々堂々と議論をする。一旦、決着がついたら、一致協力をして粛々と実行に移していく。これが関係（ヒト）と問題（コト）を切り分ける、典型的な進め方です。

◆原則3——「論理」と「感情」の両面で働きかける

先に「説得されても納得できない」という話をしました。

その原因の一つは、理屈で説得しようとするからです。「こうするのが正しい」「こうするのがあなたのためになる」「こうすれば幸せになれる」と論理を並べ立てることが反感を買うのです。

たしかに、論理は万人が理解できる、共通言語のようなものです。論理が飛躍していたり、無理があったり、荒唐無稽であったり……筋の通っていない話は、到底受け入れられません。論理的であることは、納得感を得るために欠かせません。

ところが、それは最低限必要なものであって、納得感を得るには、それだけでは十分ではありません。十分にするのに欠かせないのが、感情面でのアプローチです。

なかでも、一番大事なのは、問題解決プロセスへの**公平な参加**です。

自分の意見をしっかり述べて、それを相手に受け取ってもらえたからこそ、相手の意見を受け入れようという気持ちが芽生えてきます。なかでも、意見だけではなく、ためらい、迷い、葛藤といった気持ちにどれだけ共感してもらえたかが重要です。一方的に相手から押し付けられたのではなく、自分の頭で考えて判断したからこそ、納得感は得られます。

頭で理解し、かつ腹に落ちる。それこそが、真の納得感だと思います。

◆合併は意地と意地のぶつかりあい

私が、そのことを痛切に感じたのは、企業合併の対立に関わったときです。

日本の企業合併では「対等合併」が謳われることがよくあります。ところが、実際には、そんなケースはまれ。強いほうが弱いほうを飲み込むというのが資本主義の論理です。仕事のやり方からさまざまな制度まで、強いほうに片寄せするというのが、ある意味で理にかなっています。

合併が決まった後で、実務者レベルでも話し合いの場を持ちますが、実際には強いほうが自分たちのやり方を押し付ける形になります。もう決着はついているのだから、私たちの軍門に下れと。

ところが、それに対して弱いほうは、かならず何かにつけてワガママをいうようになります。総論は受け入れても、各論で自分たちの意地を見せようとします。仕事のやり方を否定されることは、自分たちを否定されたことに他ならないからです。

こうなったら、経済合理性だけでは、話が決着しません。意地と意地がぶつかりあって、激しい対立が起こり、果てしのない消耗戦が展開されることになります。

対立解消は、人の気持ちや思いがからむヒューマンなプロセスです。**論理と感情の両面で働きかけないと絶対にうまくいきません。**

それどころか、後で詳しく述べますが、感情的に相手を受け入れることができてはじめて、話し合いの土俵ができます。極端に言えば、論理的な話し合いができるのは、それからです。

このようなケースでの具体的な進め方は後ほど述べますが、論理と感情の両方からアプローチするという原則は、ここでしっかり頭に入れておきましょう。

4 三つの力を鍛えよう！

これらの原則を具体的な技に落とし込んだのが、本書のメインテーマである「三つの力」です。

◆共感力　～人と人の絆を深める～

人と人がぶつかりあったときに、最初に必要となるのが「共感力」です。相手を受け入れ、人と人のつながりをつくる力です。

原則1で述べたように、相手の考え方を変えさせるには、まず自分の相手への関わり方を変えることが近道です。相手を頭ごなしに否定するのではなく、相手の言い分を認め、相手そのものを受け入れるようにします。

それは「聴く」というシンプルでパワフルな行為から始まります。

相手の話をしっかりと聴けば、相手が本当に言いたいことがつかめます。それと同時に、こちらの興味・関心や、問題解決への熱意も伝わります。自分はあなたの考え方を変えようとしているのでなく、お互いに満足できる解決策を考えようとしているのだと。

そうやって、互いを尊重しながら、話し合うのに足りる人間であることを分かり合い、**信頼関係**を築き上げていくのです。

言い方を変えれば、**相手の懐に入るために必要なのが「共感力」です。**

まずは、しっかりとお互いの懐に入る。それから少しずつ考え方を変えていく。これが、対立があるときの常套法です。旅人のコートを脱が

図表1-3　三つの力

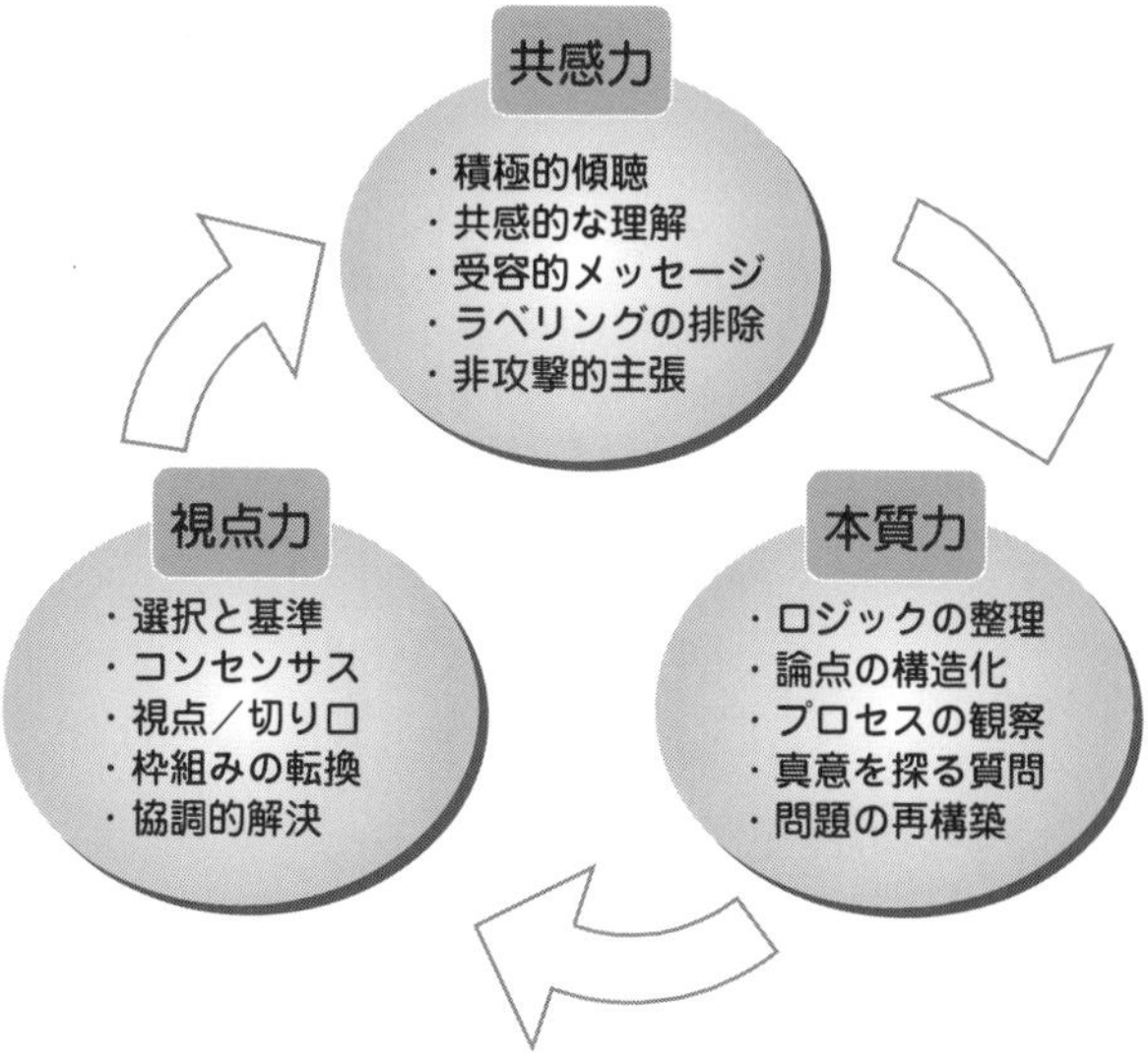

す話でいえば、北風ではなく、太陽路線です。

さらに、このステップで大切なのは、**どちらか一方が正しくて、どちらか一方が間違っているという発想を捨て去ることです。**

そう思っている限り、相手の話をきちんと聴けないからです。そう思っている人に、相手が心を開くこともありません。

それぞれには、それぞれの言い分や立場があり、互いに尊重するしかありません。相手の言い分を認めることは、自分が譲ることでも、ましてや負けを認めることでもありません。

私たちが目指すのは、どちらの言い分も生かせる解決策を考えることであり、その出発点は双方が正しいことを確認することです。

◆こちらが変われば、あちらも変わる

ここでまた一つ、私の経験談を披露させてください。

私は、以前勤めていた会社で、エンジニアとして商品開発を担当していました。あるとき、人事ローテーションの一環で、3年間の期限つきで営業の最前線に異動することになりました。

新しい上司は、年齢もそんなに違わない、営業一筋の超文科系人間。勘と経験と度胸で生き

てきたような人情肌の熱血漢です。仕事のやり方はもとより、考え方がまるで違います。

赴任早々、上司は、世間知らずの技術者に営業魂を叩き込んでやろうと、自分のやり方を押しつけてきました。私は私で、「時代遅れの営業のやり方を根本的に変えてやれ」と送り出されてきました。日ごろ仲が悪い、営業部門と技術部門の代理戦争の様相を呈してしまったのです。

私は、結構、生意気なほうですし、理屈を並べるのも得意です。技術者の意地もあり、いくら相手が上司であっても、一歩も引きません。毎晩のように、夜遅くまで口角泡を飛ばして議論を繰り返していたのを思い出します。

そうやって半年ほどぶつかりあっているうちに、私の気持ちにも少し変化が出てきました。「何で私が営業なんかに」と思って異動したのですが、営業という仕事に「もっと知りたい」と興味が芽生えてきたのです。上司の仕事ぶりにも「何で、あそこまで頑張れるの？」と関心が湧いてきました。肩の力を抜いて考えると、上司の言い分も、もっともではないかと……。

人間、気持ちが変われば、態度が変わります。相手の話をよく聴くようになり、「なるほど、そうなのか……」と感心したり、「それは、……ですか？」と質問するようになりました。

すると不思議なもので、上司のほうでも「それで困っているんだよね……」「技術者の言い分も分かるよ」と段々ガードが緩んできます。最後には「そんな営業を変えるのに、技術者の発想を活かしてほしい」と、私が言い続けたことをそのまま言うようになったのです。**北風（説得）では全然変わらなかった相手が、太陽（共感）で変わってきたわけです。**

だからといって、上司と私の対立がすべて解消したわけではなく、ことあるごとにぶつかるのは同じです。ただそれは、「お主、なかなかやるな」といった、互いを認め合った上での、よきライバル同士という健全な対立に変わりました。その証拠に、単身赴任をしている私を、プライベートの面でも手厚くケアしてもらいました。

まさに、共感がかたくなな相手の態度を変えることを、身をもって知ったわけです。

◆本質力　～解決すべき真の課題を見つける～

「共感力」の次に使いたいのが、解決すべき真の課題を見つける「本質力」です。

対立が起こっている局面では、どうしても話が瑣末なほうにいきがちです。よくあるのは、過去の細かい事実の確認です。典型的なのが「言った／言わない」の議論です。

言ったとしても、そう言うつもりがなかったり、相手に通じていなかったら言わなかったも同然です。事実論ではなく、意味論として議論するのはまだしも、過去の話をいまさらしても何も生まれてきません。大切なのは、今、どう考えて、これからどうするかです。**重要なことにフォーカスするというのは、問題解決で欠かせない考え方の一つです。**まして や、意見が食い違うわけですから、何を本当に話し合わないといけないのか、重点課題の設定こそが肝になります。

それに、人は案外、自分のホンネに気づかないものです。

ホンネとは、本当に思っていること、本当にしたいこと、本当に得たいものです。別の言い方をすれば、自分の意見が通ったときに得られるもの、すなわち主張の本当の狙いや目的です。

人は、どうしても、「見かけの欲求」にとらわれてしまいます。

「議論に勝つ」というのが、まさにそうです。自分の意見が通れば、どんな未来が待ち受けているのでしょうか。あるいは、相手を打ち負かしたら、何が得られるのでしょうか。**その未来を実現することこそが、本当の欲求のはずです。**

ホンネこそが、本当の解決すべき課題です。それを達成しないことには、真の問題解決はありえないのです。**ホンネが出てこないから、対立が解消できないのです。**

◆電柱をなくしてください

たとえば、こんな話があります。

私の住んでいるまちで、都市交通について市民同士が議論する場がありました。地区に分かれて、交通上の問題や解決の方向性について語り合っていたところ、二人の主婦の方が険悪なムードになってしまいました。

その地区は、道路が狭くて車一台が通るのが精一杯の、いわゆる昔ながらの下町です。しかも、その道路にたくさんの電柱が並んでいます。

それ対して、ある年輩の主婦がこう言います。「道路の端を自転車で通行していると、電柱を避けるために車道にはみ出さざるをえなくなる。車とのすれ違いが危ないので、電柱をなくすべきだ」と。

それに対して若いお母さんが反論します。「子どもの手を引いて歩いているときに車がきたら、電柱の陰でやり過ごすのが一番安全。電柱は一種の避難場所であり、なくなったら危なくてしょうがない」と。

皆さんは、この議論をどう思われますか？

両者が議論すべきは、電柱をなくすかなくさないかの話でしょうか？　両者が一致できる本当の欲求とは何でしょうか？

答えは、「みんなが安心して往来できるまちにする」です。これだったら、両者は敵同士ではなく、同じ目的を持つ仲間になれます。

やり方もいろいろ考えられます。道路の幅を広げる、車の通行を規制する、バイパス道路をつくるなどなど。**本質を見つけ出すことで、発想も広がるわけです。**

◆視点力　～思考の壁を打ち破る～

そうなってくると最後は視点力の出番です。思考の壁を打ち破る力といってもよいでしょう。

先ほどの事例を聞いて「なんで、そんな当たり前のことに気がつかないのか？」と思われる方がいらっしゃったかもしれません。

そうなんです、**当事者が自分の思考の枠組みに縛られてしまって、気がつかないのです。**

「電柱をなくせば（あれば）危険が減る」といった「思い込み」にとらわれているわけです。

「……すべきだ」「……に決まっている」「……でないといけない」という固定観念や隠れた前提が、思考の邪魔をしています。

対立を引き起こしている当事者は、かならずといっていいほどそうなります。自分が正しくて、相手が間違っていると思えば思うほど、自分の考えへの固執がひどくなります。そのせいで、広い視野で考えられず、選択肢を狭めてしまっているわけです。

では、どうしたら、思考の壁を打ち破り、柔軟な視点で考えられるようになるのでしょうか。

まずは、これまで述べてきた「共感力」と「本質力」で地ならしをしておく必要があります。互いに認め合い、両者が一致できる本当の課題を見つけ出す。この二つがあってはじめて、自分の考えに固執することなく、両者がともに納得できる解決策をもう一度、考えようと思うようになります。

そのときに、同じ考え方をしたのでは、違う結果は生まれません。発想の仕方を無理にでも変えなくてはいけません。

考え方の切り口を変えて、選択肢を広げるのです。

たとえば、若者の立場で考えていたのを、高齢者の立場で考える。短期的に考えていたのを、長い目で考える。日本だけを見ていたのを、グローバルに考える……。人間、時間、空間など、考える切り口を変えることで、新たな発想が生まれてきます。

しかも、「やっぱりだめだ」「これ以上考えられない」と簡単にあきらめてはいけません。「本当にそうなのだろうか」「他の考え方はできないのか」「何か思い込みはないだろうか」と、**粘り強く自分や相手に問いかける力が必要となります。**

幅広い切り口で、粘り強く考え抜くことで、当たり前を打ち壊せるのです。

◆「逆転の発想」で勝利した任天堂

ここでまた事例を挙げてみましょう。任天堂の最近の隆盛を思い出してみてください。

一時期、ゲーム会社はゲーム機の高性能化で激しい競争を繰り広げていました。ゲーム機の性能が上がれば面白いゲームができると、画像処理能力の向上に、それこそ社運をかけて取り組んでいました。

ところが、ゲーム機の高性能化はあくまでもゲームの楽しさを高めるための手段でしかありません。目的は、ゲームの楽しさをアップさせることであって、別の手段でそれができるのなら、画像処理能力なんて上げる必要はかならずしもありません。

そう考えた任天堂は、ハード競争から足を洗い、新しいゲームの楽しみを提供する商品を、別の切り口で考え出しました。それが「Wii（ウィー）」です。

今までゲームというと、部屋に閉じこもって子どもが一人で没頭するもの、というイメージがありました。それを、体を使って、大人数でも、大人でもワイワイと遊べるものに変えました。頭から体へ、一人から大人数へ、子どもから大人へと、切り口を変えたわけです。

原点に立ち返り、発想の切り口を変えて、当たり前を打ち破っていく。これが、逆転の発想に欠かせないものです。

◆三つの力でこんなに変わる

これで「共感力」「本質力」「視点力」の三つがそろいました。そうすると、一体どんな話し合いになるのか、もう一度冒頭の事例を使って見ていきましょう。

〔A〕そろそろ、明日使うパワポにデータを貼り付けたいんだけど、分析結果をもらえないか。
〔B〕え～と……。何の分析だったっけ？
〔A〕おいおい、何を言っているんだ。先月頼んだ、新規ビジネスの市場規模の分析じゃないか。
〔B〕ああ、そうだったよね。すまん、すまん。
〔A〕脅かさないでくれよ、それで、どんな形でくれるんだい？
〔B〕それが……悪いけどさあ、全く手がついていないんだよね……。

●共感力

〔A〕ン？　どういうこと？　何か事情があったら聞かせてよ。
〔B〕そのつもりだったんだけど、あれから、部長からの特急の仕事が舞い込んで、今月は、それどころじゃなくなったんだよ……。
〔A〕部長からの特急仕事で時間がなくなったのか……。それはさぞかし大変だったんだろうな。僕も経験があるから分かるよ。お互い、つらい身だよね。
〔B〕本当にごめんな。君がこのプレゼンに賭けていたのはよく知っていたし、僕のほうでもいろいろ努力はしてみたんだけど。力が及ばなくて、申し訳ない。
〔A〕こちらこそ無理を言ってすまなかった。で、今からでもできないのかい？
〔B〕今夜は、異業種交流の勉強会があって、今晩は僕が話題提供者になっているんだよ。
〔A〕それだったら、サボるわけにはいかないよな。困ったなあ……。
〔B〕２ヵ月くらいプレゼンを延ばすのはどうだろう。その間に市場調査をしっかりやって、社長をうならせるデータを用意しないか。
〔A〕もう、明日のプレゼンにエントリーしてあるし、上司からの期待もかかっているんだ。いまさら取り下げるなんて、不細工な真似はできないよなあ……。
〔B〕そうだよね。カッコ悪いし、信頼をなくすからな……。その気持ちも分かるよ。僕が君だったら、同じコトを言うと思うよ。

●本質力

〔A〕そうなんだよ。僕たちも入社して8年目だろ。そろそろ、何か新しいビジネスでも立ち上げて、実績をつくって周囲に認められないとなあ……。同期の中には、そういう人もそろそろ出てきたし……。

〔B〕そうそう、だから僕は異業種交流の勉強会に出るようになったんだ。このまま会社の仕事だけをしてたんじゃ、会社では通用しても世間では通用しなくなる。それが怖いんだ。

〔A〕業界の人間として、どこに行っても通用する。そんな人間になるためには、まずは会社の中で認められて、仕事を任せてもらうようになりたいんだよ。

〔B〕それは僕も一緒だよ。加えて、ウチの会社だけではなく、社会の中で認められるような人間になりたいよね。

〔A〕ということは、この件で本当に大切なのは、お互いにプロとして認められるよう、プレゼンを成功させるということだよね。

〔B〕そうか。そういうことだったんだ……。

●視点力

〔A〕だったら、こういうのはどうだろうか。異業種交流の勉強会を早々に切り上げて、会社に戻ってきて一緒に明日の準備をしようよ。そのかわりに、この提案が通って成功したら、それを異業種交流会で発表をして、二人で他の会社の人たちを驚かせやろうぜ。

〔B〕なるほど。それだったら、今からでも頑張れる気がしてきた。あるいは、こういうのはどうだい？　今から双方の上司に概要を説明して、来月に共同提案ができるような段取りを組んでもらうと。それだったら、君のメンツもつぶれないだろ。

〔A〕それもいいね。いっそのこと、会社のプレゼンなんてケチなことをやめにするという手もあるよ。自分たちで起業したほうが、よほど力がつくし世間の見る目も変わるよ。異業種交流会にはいろいろな人材がいるんだろ。なかには乗ってくれる人もいるかもしれないじゃないか。

〔B〕それも面白いかも！　たしかに、よく考えれば、社内のプレゼンだけが、自分たちを認めてもらう手じゃないよね。講演やら寄稿やら、プロとして認めてもらう方法はたくさん考えられる。よし、まだ時間があるから、他にどんな手があるか、一緒に考えてみよう！

◆「議論」から「対話」へ

いかがでしょうか。対立を乗り越えて問題解決を図るというのは、やり方次第では、創造的な活動になるというのが、分かっていただけたでしょうか。

そもそも「議論」（ディスカッション）とは、「自分の説を述べ合い論じ合うこと。意見を戦わせること。自分の意見や節を簡単には譲らないでどちらが優れているか競い合うこと」（中野民夫・堀公俊著『対話する力』）です。これでは、あまりよい結果を招かないということは、十分に分かっていただけたと思います。

対立解消で必要なのは、議論ではなく、**対話（ダイアローグ）**です。

「対話」とは「自分と他者のズレから何か新しいものを生み出していく」（同掲書）話し合いです。互い

図表1-4　会話と対話と議論

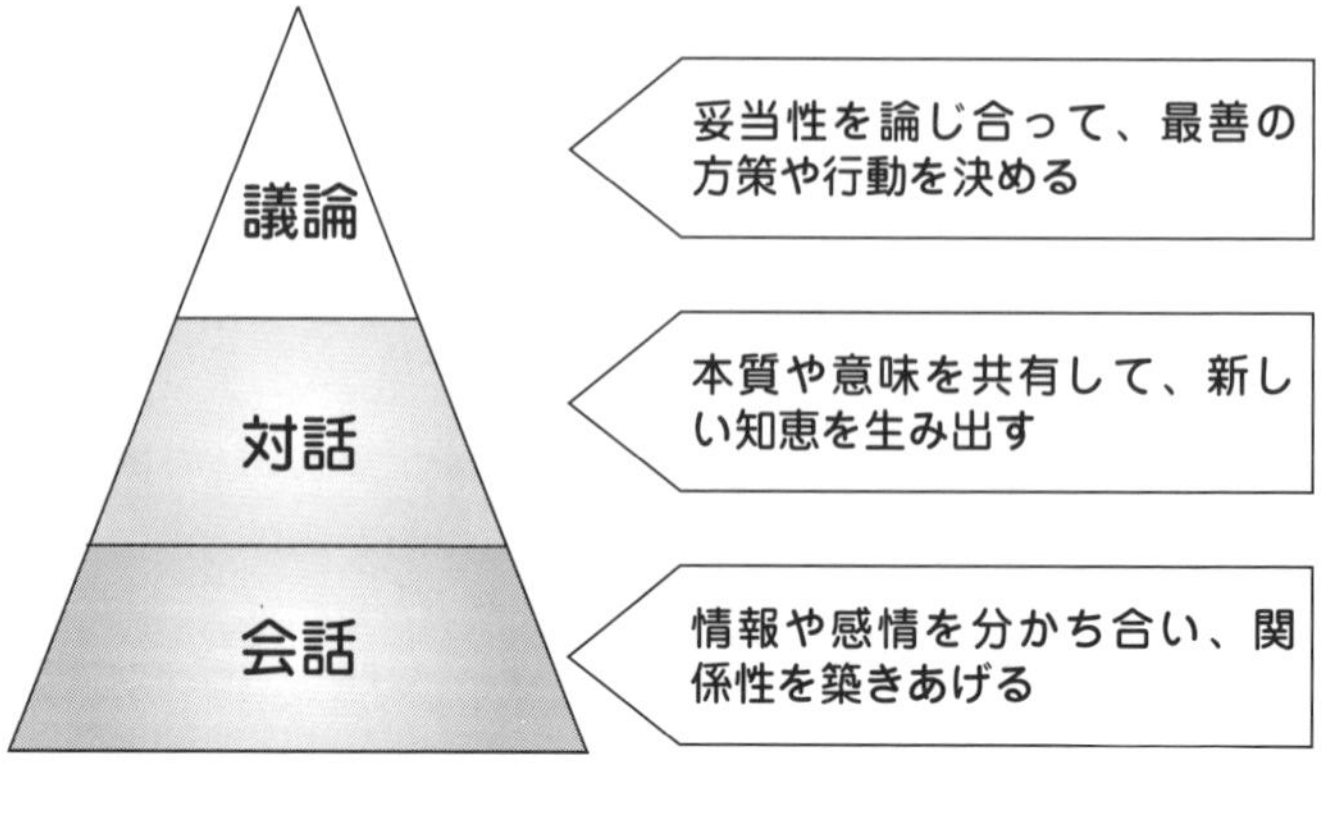
議論
妥当性を論じ合って、最善の方策や行動を決める
対話
本質や意味を共有して、新しい知恵を生み出す
会話
情報や感情を分かち合い、関係性を築きあげる

にホンネで向き合い、考え方の違いを受け入れ合う。テーマの本質や意味を共有し、共通の目的に向かって、新しい知恵を生み出していく。それこそが、対話です。

勝ち負けを競い合う議論から、新たなものをともに創り出す対話へ。そのために欠かせないのが三つの力なのです。

第1章のまとめ

❶ 説得と譲歩を繰り返す「駆け引き型」の話し合いでは、真の納得感は得られません。真の問題解決のためには両者が納得できる「協調型」の話し合いを目指さなければいけません。

❷ 対立は決して悪いものではなく、適度な対立はチームを強くしてくれます。それは問題解決や意思決定の質が上がり、異なる視点をぶつけあうことで創造性を生み出せるからです。

❸ 対立を協調的に解消する際には、三つの原則が大いに役に立ちます。
〈原則1〉「人」ではなく、「関わり」を変える
〈原則2〉「関係」（ヒト）と「問題」（コト）を切り分ける
〈原則3〉「論理」と「感情」の両面で働きかける

❹ 協調的なコミュニケーションを進めるには、三つの力が必要となります。
〈共感力〉相手を受け入れ、人と人のつながりをつくる力
〈本質力〉両者が解決すべき本質的な課題を見つけ出す力
〈視点力〉思考の壁を打ち破り、新たな解決策をつくり出す力

❺ 対立を乗り越えて問題解決を図るには、「議論」ではなく「対話」が重要です。それは、互いの違いを受け入れ、本質や意味を共有し、新しい知恵を生み出していく話し合いです。

コラム1　ファシリテーター

人と人がぶつかりあう場では、当事者同士では話し合いがうまく進まないことがあります。そういうときに、公平な立場で話し合いを促進する人を置くことがあります。それをファシリテーター（進行促進者）と呼びます。

ファシリテーターは、話し合うのにふさわしい場をつくり、大まかな段取りを決め、話し合いのテーマを掲げます。話し合いが始まれば、一人ひとりの知恵や思いを引き出し、うまくかみあうように交通整理をします。対立がある局面では、互いの関わりを深め、本質的な課題を浮き彫りにし、創造的なアイデアへとメンバーを導いていきます。三つの力を駆使して、対立を合意へと導いていくわけです。

といっても、ファシリテーターが舵取りするのは、あくまでも話し合いのプロセス（進め方）だけ。コンテンツ（中身）は基本的にメンバーに委ねます。そうすることで、皆が納得できる質の高い問題解決が実現できるわけです。

ファシリテーターは、ビジネス、組織開発、人材育成、教育、環境、国際協力、まちづくり、市民活動、医療、福祉、演劇、音楽、アートなど幅広く使われている言葉となってきました。詳細は、拙著『ファシリテーション入門』『ワークショップ入門』（日経文庫）をご参照ください。

第2章

共感力

～人と人の絆を深める～

1 相手の言い分を正しく受け止める

◆まずはじっくり話を聴こう！

対立が起こっている局面では、まず相手の話を聴いて、正しく理解するところから始まります。それが、一緒に問題解決をするための関係性をつくる出発点になるからです。

聴くは、「聴く」（リスニング）であって「聞く」（ヒアリング）ではありません。**耳で聞くのではなく心で聴く**ようにします。

単にボーと相手の言葉を耳に入れるのではなく、相手に積極的に関わろうとして、相手の話に興味や関心を示し、身を入れて積極的（能動的）に聴くことです。**積極的傾聴（アクティブリスニング）や共感的傾聴**と言います。

そうすれば、主張の内容がよく理解できます。同時に、一人の人間として相手の人格を尊重し、主張の当否はともかく、人そのものを受け入れるというメッセージを伝えることになります。

たとえば、皆さんが誰かと意見交換をしているときに、相手がこちらの話を本気で聞いていなかったり、全く無視をされたら、どんな気持ちになるでしょうか。議論をする以前に「オイ、私の話を聴いているのか！」「まじめに聴け！」と言いたくなりませんか。

人は、受け入れてくれる相手があるからこそ、自分の意見が言えます。にも関わらず、現実には、意見を聴いてもらえなかったり、まじめに話を聴かずに「こういうことだよね」と解釈されたり、「それは違うよ」と裁かれたりします。しかも、多くの場合、相手の勝手な解釈であり、都合のよい評価の仕方で。

そのうち、話を聴いてくれているはずが、こっちが聴かされる羽目になったりします。これでは、双方の距離が離れるばかりで、話が前に進みません。

まずは、じっくりと相手の話を聴いて、何が言いたいのか、何を達成したいのか、相手の欲求を正しくつかむところから始めましょう。

◆余計なことを考えない

対立が起きる大きな原因の一つに誤解があります。

皆さんも、後で「なんだ、あの人はあんなことが言いたかったのか」と気がついた、という経験はないでしょうか。「何でそのときに言ってくれなかったの？」「いや、言ったのに、あなたが……」となることはありませんか。

対立があると、人は誰でも「自分が正しくて相手が間違っている」と考えます。そうすると、思考回路は相手を説得するモードに入ります。相手が主張しているときは、論理のヌケモレを探したり、新たな説得材料を用意したり、対抗する方法を必死に考えます。

たとえて言えば、相手がマシンガンでこちらを撃っているときは、こちらはその弾を受けずに、自分のマシンガンに弾を込めているわけです。相手が弾を撃ち尽くしたときに、一気にこちらの弾を発射させます。でも、相手もやっぱり弾込めに夢中。これでは通じ合うはずがありません。

人間は、考えている間は、話が聴けません。逆に言えば、**傾聴の一番のコツは、自分のことを考えるのをやめることなのです。**

当たり前すぎるくらい当たり前のテクニックなのですが、実際にはこれがとっても難しい。話すスピードよりも考えるスピードのほうがはるかに速く、空き時間にいろいろな考えが湧き出てしまうからです。それが、解釈、評価、反論といったものです。

ですので、ここはもう意識的に切り替えるしかありません。**傾聴モードに脳のスイッチを**

「バチン！」と切り替えましょう。

「相手のことをしっかり聴こう」「何を考えているのかを正しくつかもう」と思って、**相手のことにだけ意識をフォーカスします。**そうすれば、相手の言い分が頭に入るようになり、相手の心の中にも「ちゃんと受け止めてくれている」という感情が芽生えてきます。

◆相手を主役にする聴き方とは

傾聴とは、相手を主役にする聴き方です。

自分か相手のどちらに意識がフォーカスしているかは合いの手の打ち方で分かります。

仮に、皆さんが本書を読んで感銘を受け、親しい友人に読むように勧めたとしましょう。ところがその友人は、「別に興味ないし、第一、そんなの私には無理だよ」と言ったとします。それを聴いて皆さんは、どうレスポンスするでしょうか？

・助言「そんなこと言わずに、読んでみたら」「読めば分かるよ」
・評価「食わず嫌いはよくないよ」「読まないと損だよ」
・許可「読みたくなければ、読まなくてもいいよ」

・分析「なんで、興味ないの？」「どうして無理なの？」
・同情「よい本なのに、興味がないとはもったいないなあ」
・同感「私も最初はそうだったんだよ」

実は、これらはすべて、自分にフォーカスしている態度なのです。

たとえば分析です。一見、相手の心の中を尋ねているのでよさそうに見えます。でも、相手はどう感じるでしょうか。あるいは、この会話を続けていくと、どんなムードになるでしょうか。

おそらく、相手は追及されたり、責められている感じがするのではないかと思います。続けていくと、どんどん窮地に追い込まれ、結局、説得されていると感じるのではないでしょうか。

自分にフォーカスしている聴き方であるといわざるをえません。

あるいは、同情や同感がどうして自分にフォーカスしている態度なのでしょうか。

同情は、相手の気持ちは察していますが、自分の立場からの「上から目線」での受け止め方だからです。「かわいそうに……」と、やや相手を見下した見方です。

同感は、他よりはかなりマシですが、伝えているのはあくまでも自分の気持ちです。同じ気持ちだったにせよ、相手の気持ちを受け止めたことにならないのです。

共感とは、対等な立場に立った上で、相手の立場に自分を置いてみて、その気持ちを味わってみる態度です。 相手の感情にシンクロして、それをそのまま自分の心の中に置いてこそ、真の分かち合いです。

・共感「興味がないんだ」「無理だと思っているんだ」

これこそが、最も相手にフォーカスした聴き方です。相手の頑なな態度を変容させる出発点になります。まず、それをやって相手の懐に入ってから、少しずつ真意に迫るようにしましょう。

2 立場や背景が理解できているか

◆背景が分からないと意味が分からない

傾聴ができないことと並んで、対立で誤解が生まれるもう一つの大きな原因があります。相手の背景が分からず、自分の背景で判断や評価をしているからです。

言葉（メッセージ）の内容（コンテンツ）は、それを解釈する背景や文脈（コンテクスト）によって、意味（ミーニング）が決まってきます。 分子・分母の関係で表すと、図表2―1のようになります。

コミュニケーションで大切なのは、メッセージはもちろん、「そのメッセージを通じて何を訴えかけているのか」という、「意味」を正しく理解することです。それが分かってはじめて、本当の相互理解となります。

背景とは、思考パターン、価値観、文化、判断基準、経験、立場など、その人固有の考え方の枠組みです。別の言い方をすれば、**人生経験の中で培ったものすべてが、背景にあるのです。**

分かりやすいのが異文化摩擦です。

たとえば、日本人が「また今度一緒に食事でも」と言ったら、大抵は単なる社交辞令にすぎません。「いいですね。是非とも」と言いつつ、具体的になることはほとんどありません。

ところが、国によっては、気軽にそんなことを言うと「いつ、どこで、食事するのか」と尋ねられて、返答に困ることがあります。言葉は通じても、意味が通じない典型です。

日本人同士であっても、上司と部下、大人と子ども、女性と男性、都市と地方など、立場が変われば考え方の枠組みが違い、このような誤解が生まれやすくなります。

図表2-1 コンテンツとコンテクスト

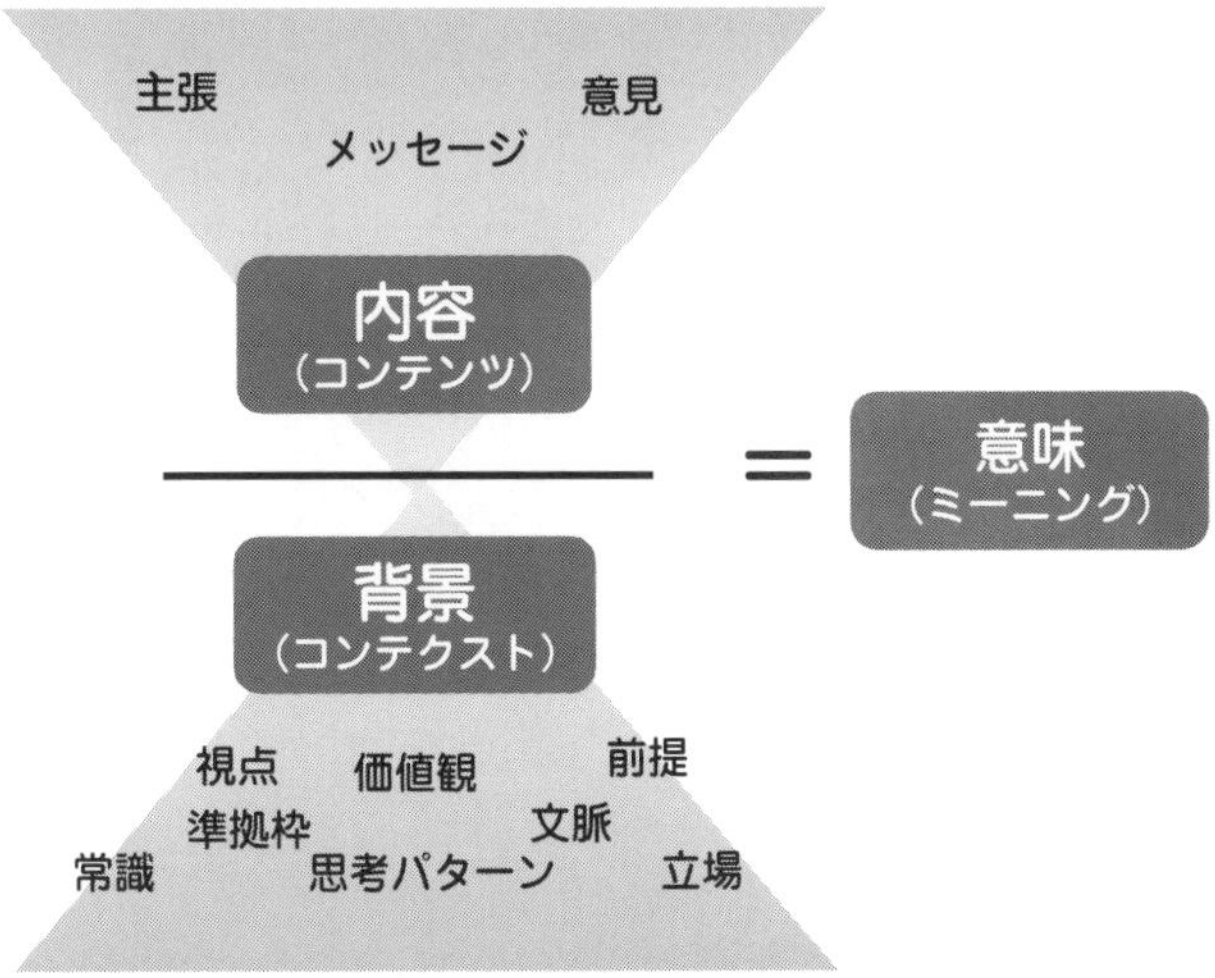

◆「なぜ」で主張の背景を引き出す

相手の背景を尋ねるのに欠かせないのが**「なぜ？」（Why）**という質問です。相手の主張を共感的に受け止めた後で、使ってみてください。

> ◇なぜ、そのようにお考えになるのですか？
> ◇どうして、そのご意見にこだわっていらっしゃるのでしょうか？

ここで気をつけてほしいのは、**相手を問い詰めないことです。**

相互理解を高め、よりよい問題解決のために背景を聞き出しているだけであり、その背景がよいとか悪いとか、評価や判断はしてはいけません。背景を否定することは、その人の人生そのものを否定することになりかねず、ヒトとコトを分けるという原則に反します。

「なぜ」を使うときは、「あなたの背景について興味や関心があり、よく知りたい」という態度で臨む必要があります。それでも、相手がきついと感じるときは、**「何？」（What）**や**「どのように？」（How）**を使うのが賢い方法です。

> ◇どんな事情が、その背景にあるのか、教えてもらえませんか？
> ◇どのような経緯で、そんな考えにいたったのでしょうか？

そうやって相手の背景がつかめたら、メッセージを解釈し直してみて、発言の意味合いを確認してみましょう。それであっていたら、ようやく発言が正しく理解できたということです。

◇……という意味で解釈しましたが、よろしいですか？
◇私の理解が間違っていなかったら……という意味でしょうか？

自分が発言するときも、相手が正しく意味を理解してくれたか、確認する質問をすると誤解を防ぐのに役立ちます。

◇どのような意味に受け取られたか、確認させてもらってもいいですか？
◇念のために、あなたの解釈を教えていただけると、ありがたいです。

◆言葉の意味は人によって違う

背景を引き出すときに、あわせてやってほしいことは、言葉の意味の確認です。

〔A〕やっぱり、「マーケティング」を強化しないと、わが社はうまくいかないよ。
〔B〕今おっしゃった「マーケティング」というのは、何を意味していますか？

同じ「マーケティング」という言葉を使っていても、人によって随分意味合いが違います。市場調査がマーケティングだと思っている人もいれば、広告宣伝がマーケティングだと思っている人もいます。それぞれ、言葉の裏にある背景が違うからです。

極端な話、真っ向から意見が対立していたと思っていたら、言葉の定義が違っているだけで、実は同じことを言っていた……なんてことも起こります。

その言葉にどういう意味を込めるのか、どういう意味で使うのかというのも、その人の人生経験によって決まります。言葉の定義を明らかにすることは、主張の背景を引き出す一つの優れた方法なのです。

対立があるときは、**言葉にこだわって、互いにその意味や定義を確認しながら、話し合いを進めるようにしましょう。**

◆上司の椅子にすわってみよう

相手の主張と背景をよく理解すれば、自分勝手な解釈をしていたことに気づきます。それと同時に、いかに自分が相手のことを知らずに議論していたかも分かります。

「自分（の主張）を認めてほしい」と思っているのは、相手も同じだということに思い至るようになります。「敵だ」と思っていた相手が、自分と同じ立場に置かれていることが、ようやく理解できるようになるのです。

ここで是非やってほしいのが、**相手の視点や立場に立って考えてみることです。**

話は少しそれますが、皆さんは、上司の椅子にすわってみたことがあるでしょうか。おそらく企業に勤めている方なら、一度や二度はやった経験があるのではないかと思います。

私も、若い頃よくやりました。同僚たちと休日出勤をした際、私が部長役として椅子にすわり、日ごろのやりとりなんかを物真似で再現して遊んだりしました。

面白いのは、部長の椅子にすわると、見えるものがまるで違うということです。数十名の部員が一望に見渡せ、いかにも自分が仕切っている感じがします。それだけで偉くなったような気になります。

反面、常に誰かから見られている感じがあり、案外気が抜けません。自分一人だけが少し離れてすわっているせいもあり、心理的な距離も感じました。少しだけ部長の気持ちが分かった気がしたのです。

人は、相手の立場や背景に身を置いたとき、はじめて相手の気持ちが分かります。これこそが、本当の意味での共感であり、**共感的理解**と呼びます。心が通い合ったといえるのです。

それに、人の考えることに大差はなく、同じ背景に置かれたら同じようなことを考えます。そのことに気づけば、自ずと次のようなフレーズが口をついて出てくるはずです。

> **◇私もあなたの立場だったら、きっと同じことを言うに違いありません。**
> **◇もし、過去にそういう経験があったら、きっと同じ話をしていたと思います。**

私は何度も厳しい対立の局面に、第三者として関わってきました。無事に円満解決を見たケースでは、途中でかならずこの台詞が登場します。それと同時に、険悪だった場の空気が、風で霧がサッと晴れるように、急に軽くなります。何度経験してもゾクゾクする瞬間です。

繰り返しになりますが、意見の違いは背景にある経験や世界観の違いから生まれ、それは変えようがありません。どちらの背景が正しいという議論をしても、溝が深まるばかりです。

そうではなく、互いの立場や背景を尊重して、どちらも正しいと認め合いましょう。それではじめてスタートラインに立てるわけです。

◆聞き手をひきつける「物語」の力

「相手の背景を理解する」「相手の立場に立って考える」というのは、言葉で言うのは簡単ですが、実際にやるのはなかなか難しいです。育ってきた環境が違うので、他人の気持ちが想像し難いからです。

そういうときは、最近日本でも注目を浴びている**ストーリーテリング**を活用することをお勧めします。論理的に説明や理解をするのではなく、物語を語ってもらって直観的に理解しようというものです。

試しに、第1章の事例で、Aさんに明日のプレゼンにこだわる理由をもう一度説明してもらいましょう。まずは論理的に。

明日のプレゼンは延期することができないんだ。その理由は三つある。

一つは、上司にすでにエントリーをすることを伝えてあり、全力を尽くすようにと言われているからだ。いまさら「準備が間に合わないからやめます」なんてとても言えないよ。二つ目に、急にプレゼンをキャンセルすると、事務局の人に迷惑がかかってしまからだ。今ここでキャンセルをするると、明日の段取りを全部組み直さないといけなくなっちゃう。三つ目に、僕自身、なるべく早く終わらせたいと思っているからさ。今日まで準備を頑張ってきたのに、たとえばこれが2ヵ月延びたとしたら、集中力が続かないよ。ということで、やっぱり明日のプレゼンは、予定通りやってしまいたいんだよ。

理路整然としていて、言いたいことはよく分かります。その反面、Aさんがプレゼンに賭ける熱い思いが伝わってこず、なぜそれほど〝明日〟にこだわるのかがピンときません。

そこで、今度は、ストーリーテリングを使って説明してもらいましょう。

先月の社長プレゼンで同期のC君がエントリーしたのを覚えているかい。たまたま僕はその場に居合わせたんだけど、ちょっとビックリしちゃった。

内容は大したものじゃなかったんだけど、なんか輝いているというか、自信に満ち溢れているというか……。2年ほど会わないうちに、随分、大きくなったように見えたんだ。

社長からも、「これから楽しみだ」とお褒めの言葉があり、羨ましいような、悔しいような……。もう僕も入社して8年。仕事はそれなりに楽しいけど、このままでいいんだろうかと、そのときに思ったんだ。僕だって、C君に負けないプレゼンができるんだ。それを、今すぐにでも、みんなに見せつけてやりたいんだよ。

先ほどと違い、Aさんの意気込みがヒシヒシと伝わってきたのではないでしょうか。思わず「君の気持ちは分かるよ」と言いたくなりませんか？

そうです。**ストーリーテリングの良さは共感性にあるのです。**

話し手は物語を通じて自分の思いを伝え、聞き手はそれに感情移入していく。言葉で表現しにくい微妙なニュアンスも、物語を使えば伝えることができます。物語を使えば同じ気持ちを分かち合うことができるわけです。

◆他の人の役割を演じてみよう

もう一つ、共感性を高めるための手法があります。役割を演じることで、その人の気持ちを味わう**ロールプレイング（役割演技）**です。

たとえば、部下たちが上司のやり方に不満を持っているとしましょう。方針があいまいだ、仕事を任せてもらえない、仕事が多すぎる……といった手合いです。

ところがそれを、いきなり上司にぶつけても反論が返ってくるだけです。方針を伝えているのに理解しない、危なっかしくて任せられない、仕事の要領が悪すぎる……と、上司には上司のものの見方があるからです。


こういうときは、ロールプレイングを使ったワークショップをやってみると効果的です。

まずは部下たちだけで集まって、上司への不満を洗いざらい出して、ホワイトボードなどに記録していきます。その後で、全員、上司の立場になりきって、出てきた不満に対して反論をしていきます。さらに、上司の目線での部下たちへの不満も挙げていきます。

これをやれば、上司は上司なりの考えや思いがあることに気がつきます。役割を演じることで、その人の気持ちが体感できるのです。その上で、互いの問題をどうやって解決するかを話し合うほうが、はるかに建設的になります。

いわば、**私たちの人生とは仮面（ペルソナ）を被って、周囲から期待される振る舞い（役割行動）を演じているようなものです。**同じ舞台で、同じ役割を与えられたら、同じ台詞を言うようになります。

これは、**プレイバックシアター**と呼ばれる、演劇を使ったワークショップをやるとよく分かります。誰かが個人的な体験を語り、その状況を参加者みんなが即興で、ビデオを再生するように演じていくものです。それを、体験を語った本人が観客として眺め、その体験をもう一度意味づけしていきます。

やってみると分かるのですが、あたかもその場にみんなが居合わせたかのような、驚くほどリアルな状況が再現できます。即興でやっているのに、本当にその場で飛び出した台詞が、ポンポンと飛び出るようになります。まさに人生劇場を垣間見ることできる、優れた手法だと思います。

◆色眼鏡で相手を見ていないか

ストーリーテリングやロールプレイングをやっても、相手の気持ちが分からなかったとしたら、**ラベリング**をしている恐れがあります。自分勝手な色眼鏡で相手を見て、「どうせ、あの人はこういう人だ」とレッテル貼りをして、本当の相手を見ていないのです。

人間は日々いろいろな問題を処理しないといけません。一つひとつゼロから考えるのは大変なので、問題を簡単にしようとします。

対人関係がまさにそうです。一人の人間にはいろいろな側面があり、環境によって演じる役割も変わってきます。人を理解するというのは奥が深い行為であり、みんなにそんなことをやっていたら、いくら時間があっても足りません。

そこで、単純化して理解しようとします。「どうせ、あの人は……」「だいたい、昨今の若い人は……」「いつも男性は……」「所詮、日本人は……」とラベルを貼り付けるのです。

一旦ラベルを貼ってしまうと、「本当の相手を見つけ出そう」という気にならなくなります。違う側面があるかもしれないのに、すべてラベルで処理するようになります。一種の思考停止になってしまい、ラベルの張り替えが難しくなるのです。

それどころか、**いつも相手を色眼鏡で見ることになり、考え方にバイアス（偏見、先入観）がかかるようになります。**

眼鏡にあった行動は「やっぱり……」と目につき、眼鏡にあわない行動は無視されがちになります。そのうち「ほらね、やっぱりあの人は……」と、貼ったラベルが正しいことを証明するような見方をするようになります。**これをハロー効果と呼び、ラベルがますます強化されていくわけです。**

一旦、ラベルを貼られると、何を言っても通じず、相手とまともに話し合おうという気になりません。こちらも「あの人はラベリングする人だ」とラベリングしてしまい、相互理解も共感もできなくなってしまいます。

ラベルの剥がし方については、第4章の「視点力」のところでまとめてお話しします。

少なくとも、「自分は相手に安易なラベルを貼っていないか」、ラベリングの可能性については、常に注意を払ってください。少なからず誰もがあるはずなので、「もしラベルを貼っているとしたら、どんなラベルなのか」を考えて、発見してみてください。

特に「どうせ」「だいたい」「いつも」「所詮」といった言葉が頻繁に飛び出る人は要注意。物事を分かりやすく一般化して、フィルターをかけて見ることが癖になっている恐れがあります。

3 共感を伝える実践テクニック集

「共感力」を駆使して、ともに問題解決をする土俵をつくる基本的な流れについては、一通り説明をしました。ここからは、さらに「共感力」を高めるための実践的なテクニックや、うまくいかないときの対処法について解説していきたいと思います。

◆本気度合いを相手に見せる

体はとっても正直です。興味ある話には身を乗り出し、苦手な相手に対するときは自然と距離をとるようになります。体からのメッセージが、問題や相手に対する関わり方を表しているのです。

人は、相手が自分に積極的に関わろうという姿勢を見せてくれないと、心を開いてホンネで話し合おうと思いません。まずは、こちらの熱意や本気度合いを、体を使って相手に示しましょう。本気で関わろうという姿勢をアピールするのです。

①少しずつ距離をつめる

物理的な距離は心理的な距離を表しています。真剣に語り合おうというのに、部屋の端と端にすわったのでは話になりません。距離をできるだけつめて、**膝づめで話し合うようにしましょう。**

距離をつめることで、ホンネも出やすくなります。ホンネを引き出したかったら、できる限り距離を近づけて「で、本当のところ、どうなの？」と迫るようにします。いわゆる「相手の懐に飛び込む」というものです。

すわってするときは、**机の有無にも気を配ってください。**机が互いの立場を守り、懐に飛び込むのに心理的な障壁になるからです。かといって、机がないと無防備に自分をさらけ出しているようで、落ち着かないこともあります。なので、いきなり机なしで距離をつめるのではなく、「もうちょっと踏み込んでお話を聴いていいですか」と椅子を近づけていきます。**少しずつ段階を踏んで迫っていくのです。**

②話しやすいポジションを取る

多くの人は、意見が食い違う者同士は、正対して話をするものだと思い込んでいます。たしかに、裁判での検事と弁護士、労使協議での会社と組合など、交渉の場面ではそうです。

しかしながら、私たちがやるのは交渉ではなく、協調的な問題解決です。正対して話をすると、無意識のうちに相手を敵視するようになり、どちらかといえば対立をエスカレートさせてしまいます。同じ問題を抱える仲間として話し合うには、もう少し柔らかい位置取りが必要です。

具体的には、斜め90度の関係です。たとえば、テーブルを挟んで向かい合うのではなく、角にすわるのです。あるいは、横並びにすわって、椅子をすこし中に向けるとよいでしょう。机がない場合も同じで、これが一番「共感力」を発揮できるポジションです。

大人数の場合は、対立を助長しやすい「ロの字型」ではなく、円を使ったレイアウトで話し合うようにします。**いわゆる「ラウンドテーブル」や「車座」になってという形です。**チームの一体感を醸成するのにも、円を使ったレイアウトは効果的となります。

図表2-2　話し合いのポジション

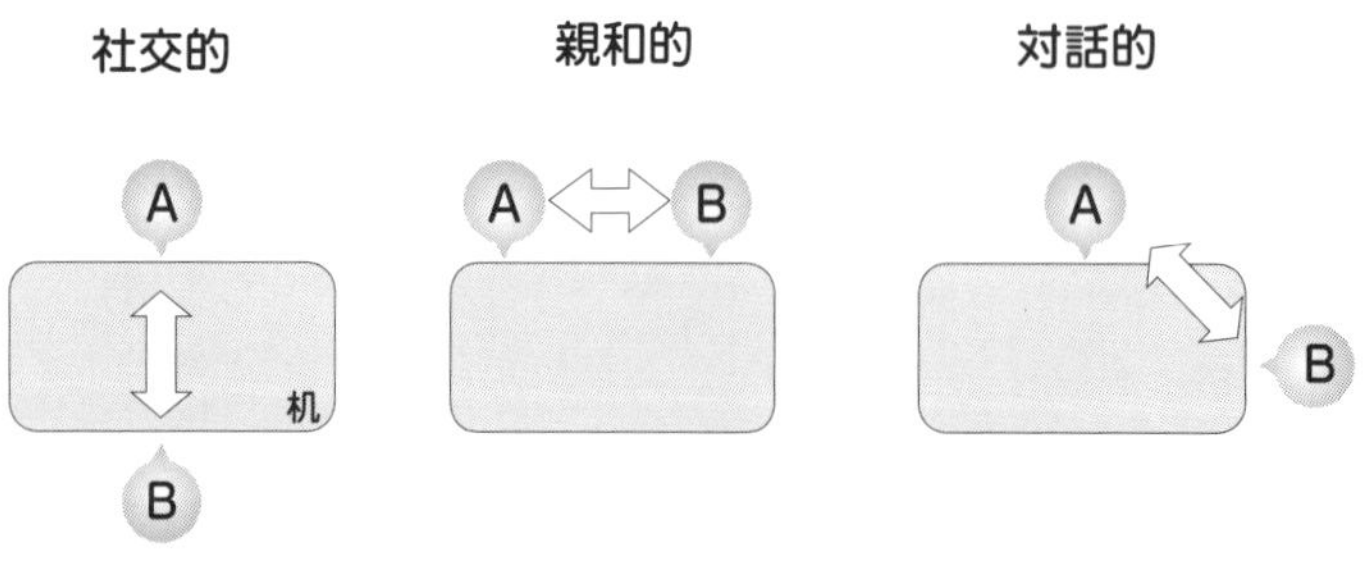

③積極的な態度を見せる

話を聴くときは、相手との距離をつめた上で、顔や体を相手に向けましょう。その上で、上体を少し前に倒したり、聞き耳を立てたりして、本気モードをアピールします。**いわゆる「身を乗り出す」というものです。**

そのときに忘れてはいけないのが、**アイコンタクト**です。

相手が日本人の場合は、片時も離さず相手の目を見つめる必要はありませんが、適度に視線をあわせて、目で真剣さを伝えるようにします。

逆にやってはいけないのが、**ブロッキング**です。腕や足を組んで、相手を拒絶する姿勢を見せることです。

癖になっている人もいると思いますが、少なくとも相手は「メッセージを受け取ろうとしていない」と感じます。そうではなく、「さあ、こい！」とボールを受けるように体を開いて、相手を受け止める用意があることを、全身で伝えてあげましょう。

◆相手に興味や関心がありますか？

「共感力」の源は聴く力にあるという話をしました。ところが、企業研修などで傾聴のトレーニングをすると、かなりの確率で「傾聴の大切さは分かったが、自分には難しい」という人が出てきます。

話を聴いているうちに別のことを考えてしまったり、話をかぶせてしまったり。「こんな苦しい経験は初めてだ」という人もいます。研修の場ですら傾聴モードのスイッチがリセットしてしまうのですから、普段ならなおさらです。

そういう方には、次のようにアドバイスをしています。

「人の話が聴けないのは、自己中心的な気持ちになっているから。自分には興味・関心があっても、相手に興味・関心がないのです。人は、**興味・関心があれば、誰でも自然と話が聴けるようになります。**その証拠に、今、私のアドバイスを皆さん真剣に聴いていますよね」と。

どんな人だろうが、その人が生きていく中で培った経験や知恵があります。どんな人にも、自分にはない長所や能力があります。どんな人からでも学べ、自分の肥やしにできるはずです。自分の成長に対して貪欲になればなるほど、人に興味・関心が湧いてくるはずです。

たしかに、性格的にあわない人もいます。そういうときは、相手ではなく、**相手が興味・関心のあるものに興味を持つようにしましょう。**ここでも、ヒトとコトを分ける原則を使うわけです。

たとえば、苦手な上司がゴルフに興味があるのなら、「なぜゴルフが中高年の人に人気なのか」

と、テーマそのものに関心を向けるのです。そうすれば、興味を持って話が聴け、相手も話に乗ってきてくれます。全く知らない話であっても、「知らないから教えてください」と白紙委任をすることもできます。こちらの心がけひとつで、どんな人からも学べるものはあるのです。

◆お父さんがオバサンだった⁉

こういう話をすると、「限られた時間の中では、苦手な人やつまらない人間よりも、優れた人から学ぶ方が効率的だ」という反論があります。これこそが、ラベリングです。

本当にその人と相性が悪いのでしょうか。本当にその人はつまらない人間なのでしょうか。そういうレッテルを貼って、色眼鏡で相手を見ていることはありませんか。ラベルを張り替えると、違うものが見えてくるということはありませんか。

要するに「この人（テーマ）のことはおおよそ分かった」「もう学ぶものはない」というラベルを貼って、**「分かったつもりになっている」ことが傾聴を妨げているわけです。**

先日、我が家で「典型的なオヤジだと思っていたお父さんが、実は中身はオバサンだった」という大発見がありました。

家族４人で食事に行った際に、互いの性格について議論をしていて、妻が気づきました。結婚23年目を迎えた今ごろになって。それを聞いた娘は、すべての行動の意味が分かり、まさに目から鱗だったそうです。

長年連れ添った（それなりに仲の良い？）夫婦でもそうなんですから、ましてや他人同士、真に分かり合えることとなんてありません。関わり方によっていくらでも発見や再評価ができます。

安易に完了形で決めつけるのではなく、常に進行形にしておくこと。これが、相手に興味・関心を持ち、ひいては共感的に話を聴くコツの一つです。

◆うなずき上手は引き出し上手

共感を示す、一番分かりやすい方法が**うなずき**です。

私のように、講演や研修など、毎日のように人前に立って話をしている人間でもそうです。聴いている人がしっかりうなずいてくれると、「面白く聞いてくれている」と、調子が出てきます。逆に、腕組みして下を向いていたり微動だにしないと、「つまんないのかな」とあせってきます。うなずき度合いで、共感度合いが分かるからです。

相手の話を引き出そうと思ったら、力強くうなずくことです。

実際にこの技は、TVの対談やインタビュー番組で多くのキャスターが使っています。機会があれば、一度よく見てください。相手の目をしっかりと見ながら、キャスターがかなり大げさに黙ってうなずいているのを（相槌を打つと視聴者が聴き苦しいので、黙ってうなずくわけです）。あれがうなずきの技です。

正直な人は、共感できる内容には自然とうなずけても、そうでないものは動作が滞りがちになります。気持ちは分かりますが、「内容の当否はともかく、メッセージはたしかに受け止めましたよ」という意味合いで、うなずけるようになっておきましょう。

◆明石家さんま氏の相槌テクニック

うなずきとあわせてやってほしいのが、**相槌**です。言葉で共感の気持ちを伝えるのです。

その妙手として私が感心するのは、明石家さんま氏です。話の切れ目に応じて、次の四つの相槌を巧みに組み合わせています。ゲストの話を自在に引き出す技はまさに名人芸です。

①共感を示す相槌――「へ～」「ほ～」「なるほど」「そうなんだ」

合いの手にはさむ、一番簡単な相槌です。どんな場合でも使え、あまり考えずにできるのが利点です。とはいえ、いい加減にやると本当に聴いているのか疑われるので、心を込めて返すようにしましょう。

②次の話を促す相槌――「それで？」「だから？」「どうなったの？」

話の句読点がついたときに、「ちゃんと聴いているから、もっと話をしていいよ」というメッセージを伝えます。さんま氏が一番多く使う相槌で、相手の話に馬鹿受けした後で、「ほんで？」を連発して話を引き出しています。

③語尾を繰り返す相槌――「……なんだね」「……と思っているのか」

話に軽い区切りがついた後で、相手の話やその語尾を「オウム返し」で繰り返します。共感的傾聴のところで述べた、「興味ないです→興味ないんだ」というものです。カウンセラーがよく用いるテクニックで、**パラフレーズ（復唱）**と呼びます。

④話をまとめる相槌――「要は、……」「つまり、……」

一通り話が終わった後で、「今のはこういう話だったよね」と、話のまとめやこちらの解釈を伝える相槌です。共感の気持ちを伝えると同時に、内容の確認にもなります。ポイントを押さえてコンパクトにまとめる要約の力が求められます。

相槌上手も引き出し上手です。表現は悪いですが、相槌を使って、相手をそそのかし、話すはずではなかったことまでノリで語らせるわけです。相手のホンネを引き出すのに苦労されている方は、相槌の技を身につけてみるとよいでしょう。

◆「大変だ！」「どうしたんだ！」

そそのかしの技を紹介したついでに、**ペーシング**についても話をしておきます。文字通り、相手にペースをあわせることです。

たとえば、相手の行動にあわせてみましょう。行動には相手の感情が表れています。息せき切って早口でまくし立てる人は興奮しており、腕組みをして首をひねっている人は、解決策が見つからず悩んでいます。

そんなときに、こちらも早口でまくしたてたり、腕組みをして考え込んだりして、相手の行動、ひいては気持ちにペースをあわせるのです。そうすることで、行動の裏にある感情を分かち合うことができます。

この効果は、逆のケースを考えれば容易に想像がつきます。

大事件を聞きつけて「大変だ！」「えらいことです！」と血相を変えて部屋に走り込んだ。ところが、みんなが悠然と構えて「まあ、そんなにあわてるなよ」と言われてしまった。一体、どんな気がするでしょうか。

全員が総立ちになって、「どうしたんだ！」とつめよってきたほうが、気持ちを受け取ってもらえたと感じるのではないでしょうか。

最終的に相手を落ち着かせたいと思っても、感情を受け取ってからでないと、「落ち着いてなんかいられないよ！」とかえって逆効果になってしまいます。**まずは、相手のペースにあわせてから、自分のペースに引き込んでいく。これをペース&リードと呼びます。**

話し合いのテーマや進め方も同じです。

まずは、相手が興味・関心を示すテーマや、話したいテーマにペースをあわせてから、自分の話に引き込んでいくのがコツです。「この人は分かってくれる」という共感の気持ちが生まれないと、後の話がスムーズに進まないからです。

そういう意味では、時には恋人や上司の自慢話や経験談をじっと聴くのも悪いことではありません。まずは、感情を吐き出させてから、少しずつ本題に引き込んでいく。いろいろな場面で、ペース&リードの技を使ってみてください。

◆不名誉なあだ名をつけられた日本人

「相手にあわせてから、自分に引き込む」というのは、意見を述べるときも全く同じです。そもそも、意見が違うからといって、遠慮する必要はありません。**堂々と自分の意見を主張して、違いの中から相互理解を深め、創造的なアイデアをつくりだしていきましょう。**

とはいえ、相手の気持ちや人格への配慮は必要です。そうでないと、せっかくの意見も受け取ってもらえず、互いの関係が壊れてしまうと、話し合いそのものが成り立たなくなるからです。

私がかつてアメリカで仕事をしていたときに、「Mr. However」と不名誉なニックネームをつけられた同僚がいました。自分と異なる意見に出くわしたときに、毎回かならず「however（けれども）」「but（しかし）」と反撃が始まるからです。

これにはハイコンテクスト文化であるアメリカ人も閉口していました。彼らも、頭ごなしに否定されると、あまりよい気持ちはしないようです。最後は、あきらめたのか、彼の口真似をして茶化していました（だからといって、関係が悪くならないのがアメリカ人です）。

それと対照的なのが、某電機メーカーに勤める友人です。彼は、どんなに自分と違う意見だろうが、「君の意見に半分賛成なんだが、半分は賛成できない」から話を始めます。その上で、賛同できる点から述べて、「こうすればもっとよくなる」と、後半で反対意見を述べていきます。

こう言われると、賛成派も反対派も素直にその意見が聞けるようになります。異なる意見の一部を取り入れてみようという気にもなります。

さらに彼がすごいのは、ほとんど反対のときもこのやり方を貫いていることです。何か賛同できるポイントを見つけて、言葉の上ではイーブンにまで持っていくのです。

それも難しければ、「腰が引けている案」を「手堅い案」、「リスクの高い案」なら「チャレンジ精神にあふれている」と呼び、視点をポジティブに変えて、評価できるポイントをつくりだします（この技は第4章で紹介します）。

要するに、自分の意見を述べるときに、「No＋but」では相手の防衛体制を強固にしてしまいます。**「Yes＋and」で伝えれば、心理的に相手を攻撃することなく、こちらの意図を伝えることができます。**うまくいけば、こちらのペースに乗せることも可能です。

先ほどの本書を友人に勧める話でいえば、こんな違いになります。

◇No＋but型
〔A〕別に興味なんかないし、私には無理だよ。
〔B〕それはダメだよ。これこそ、今一番大切なものなんだから。
〔A〕どうせやっても、できっこないんだよ。
〔B〕そんなことないよ。そうやって、あきらめているのがいけないんだ。

◇Yes＋and型
〔A〕別に興味なんかないし、私には無理だよ。
〔B〕興味がないんだよね。だったら、どんなことをすれば興味が湧くのかな？
〔A〕どうせやっても、できっこないんだよ。
〔B〕できないと思っているんだ。じゃあ、できることがあるとしたら、何かな？

◆やわらかく自分の意見を伝える技術

相手を尊重しつつ、人格を攻撃せず、意見を伝える言い回しはいろいろあります。一番、当たりが弱いのがフィードバックです。

フィードバックとは、自分の受けた感想だけを相手に伝えるやり方です。同じく、先ほどの話でいえば、次のようなやりとりになります。

〔A〕別に興味なんかないし、私には無理だよ。
〔B〕ふ〜ん、そうなんだ。それを聴いて、ちょっと寂しい感じがするなあ。

これだけでも、「もっと勉強すべきだ」「あきらめるのはまだ早い」という主張は十分に伝わります。

相手は、自分のことは自分で分かりません。相手の言動が周囲にどんな印象を与えているのか、鏡に映すようにして伝えるのがフィードバックです。

なので、フィードバックでは、主語は常に私になります。「私は、……と感じました」「私は……と思いました」という言い回しです。**I（アイ）メッセージ**と呼びます。

あくまでも、個人的な感想であり観察結果なので、「それはおかしい！」と相手に文句を言われる筋合いはありません。そう感じた以上、自分にはそう見えたということなのですから。

もう一つのやわらかく相手の意見を伝える方法があります。すでに本章の中で何度か登場している**質問**です。

〔A〕別に興味なんかないし、私には無理だよ。
〔B〕どうしてなんだろう？　やったほうがいいんじゃない？

相手に判断を委ねることで、自分の意図を伝えつつ、押しつけ感が随分やわらぎます。一緒に問題解決をしようという気持ちも伝わります。ただし、すでに述べましたが、質問は詰問になりがちなので、相手を思いやる気持ちを持って問いかけるようにしてください。

なかには、「こんなやり方はまどろっこしい」という方もいらっしゃるかもしれません。直接、自分の主張や評価を相手に伝えたいと。

それも必要なことですが、「共感力」を損なわないためには、なるべくIメッセージにするのがコツです。主語をYouやWeにしてしまうと、どうしても説得調になってしまいます。

〔A〕別に興味なんかないし、私には無理だよ。
〔B〕私は、勉強したほうがいいと思っているんだ（Iメッセージ）。
〔B〕あなたは、勉強したほうがいいよ（Youメッセージ）。
〔B〕みんな、勉強したほうがいいと思っているよ（Weメッセージ）。

加えて、目上の人に対して反論するときは、頭に「多分、私が間違っているのでしょうが……」「あえて議論を面白くするために言えば……」「分が悪いのを承知で反論すれば……」といった表現をつけると、当たりがやわらかくなります。慇懃無礼になると逆効果になるので、注意して使うようにしましょう。

第2章のまとめ

❶ 積極的に相手の話を聴いて、相手の言い分を正しく理解するところから話し合いは始まります。そのコツは、考えることをやめて、強制的にスイッチを切り替えることです。
❷ 傾聴では、相手を主役にする共感的な聴き方が求められます。それは、対等な立場に立った上で、相手の立場に自分を置いてみて、その気持ちを味わってみる態度です。
❸ 相手の立場や背景を引き出し、主張の「意味」を理解し、相手の気持ちを〝分かる〟ことが大切です。そのために、物語やロールプレイングといった手法を使うのも効果的です。
❹ 相手を理解するときに、自分勝手な色眼鏡で相手を見て、レッテル貼り（決めつけ）をしていないか、最大限注意を払うようにしましょう。
❺ こちらの本気度合いや相手への興味・関心を、場の設定や態度で見せることで、「共感力」は飛躍的に高まります。
❻ 「うなずき」と「相槌」は、「共感力」を高める重要なテクニックです。あわせて、相手のペースにあわせてから、自分のペースに引き込んでいく技を覚えましょう。
❼ 相手に共感してから自分の意見を相手に伝えることが大切です。フィードバック、質問、Ｉメッセージなどを使えば、心理的に攻撃することなく、やわらかく意見が伝えられます。

コラム2 協調的交渉術

ビジネスの中で、多くの人が対立を経験するのは「交渉」の場面だと思います。交渉とは、利害の異なる者同士が「話し合いにより、お互いにある合意点に達すること」(佐久間賢著『交渉力入門』)だと言われています。そこには、駆け引きをして、少しでも自分に有利なところで決着をつけようというイメージがあります。外交交渉からビジネス交渉まで、力と力がぶつかりあう交渉は、この構図をとることがほとんどです。

ところが、そんな交渉の世界でも、「駆け引き型はよくない」と多くの方が指摘しています。その理由は本書で述べたとおり、双方が満足できる真の問題解決ができないからです。代表的なものに、ハーバード大学交渉学研究所の「原則立脚型の交渉術」があります(フィッシャー&ユーリー著『ハーバード流交渉術』)。互いの立場にとらわれず、常に利害に焦点をあて、最高の解決策を見出していく交渉術です。

もう一つ、最近日本でも注目を浴びているのが、コロンビア大学チーチャーズカレッジの「協調的交渉術」です(レイダー&コールマン著『協調的交渉術のすすめ』)。交渉術というより紛争解決のためのコミュニケーション術といったほうがよいかもしれません。国際紛争から家庭問題まで同じ方法でアプローチでき、本書の内容と重なる部分も多々あります。

第3章

本質力

～解決すべき真の課題を見つける～

1 「分ける」ことで「分かり」やすくする

◆論理の3点セットをおさえよう

ある程度、互いの言い分が分かるようになったら、一旦それは棚上げして、これから話し合うべき本質的なテーマを探していきます。「そもそも論」に戻って議論しないと、真の問題解決ができず、新しいアイデアが湧いてこないからです。

まずは、ここまでの話し合いを整理しましょう。そうすれば、本質が見えやすくなります。

整理を一言で言えば、分けることです。

たとえば、「机の上を整理しなさい」と言われたら、本は本、文房具は文房具、パソコン関係はパソコン関係と、分けていきますよね。人間、たくさんの物や情報が渾然一体となっていると、把握できなくなります。ところが、分ければ分かりやすくなります。だから、分けると分かるは同じ漢字を当てているわけです。

それぞれの主張も、論旨にそって分けることで分かりやすくなります。

①論点を確かめる

まず、確認したいのが、「何について述べているのか」という主張のテーマ、すなわち論点です。考え方の筋道でいえば、スタート地点に当たります。

〔A〕君の言うことは分かるよ。でもね、私の立場から言えば……。
〔B〕すみません。今のどの点について反論されようとしているのですか？

こんな感じで、事前に論点を聞いておかないと、どう解釈してよいか分からなくなります。常に論点を明確にしておくというのは、話し合いで欠かせない基本動作の一つです。

図表3-1　論理の3点セット

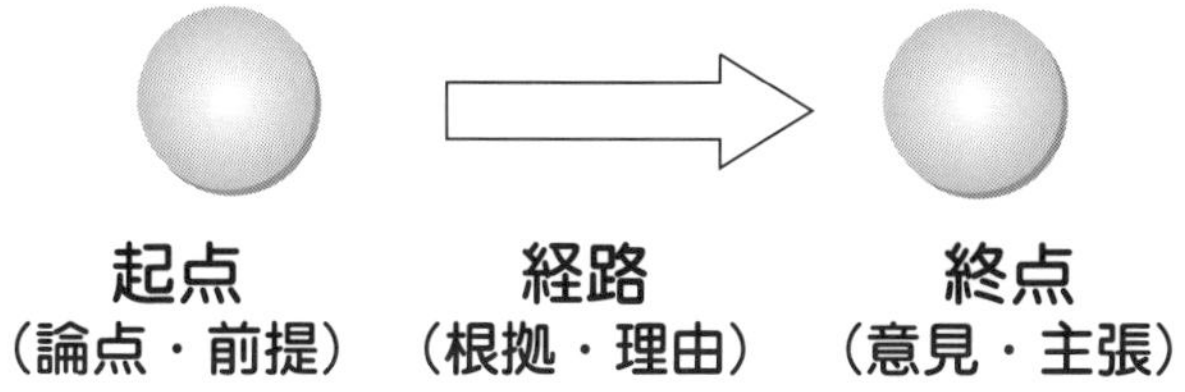

必要であれば、どういう立場で意見を述べているのか、どのような意味で言葉を使っているのか、話の前提を早目に確認しておきましょう。

②結論を確かめる

論点が分かったら、次に結論、すなわちゴール地点を確認してください。次のような言い回しになります。

〔A〕君の言うことも分かるけど、私には私の事情があることも分かってくれないと……。
〔B〕要するに（つまり）、できないとおっしゃっているのですね？

ここでよく使うフレーズが、「要するに」です。この事例のように、こちらの解釈があっているかを尋ねる場合もあれば、「要するに？」「一言で言えば？」「で、おっしゃりたいのは？」と結論を相手に求める場合もあります。主張の抽象度を高めて、本質を引っ張り出そうというのです。

あるいは、結論があいまいすぎる場合は、「たとえば」を使って、具体化します。

〔A〕君の言うことも分かるけど、私には私の事情があることも分かってくれないと……。
〔B〕たとえば、それは、お願いしたことは一つもできないということですか？

事例や数値を挙げることで、具体性が高まり、分かりやすくなるわけです。

③根拠を確かめる

スタート地点とゴール地点が分かったら、後はそれがうまくつながっているか、経路を確認しましょう。「なぜ？」という質問を使って、理由、根拠、判断基準、背景などを尋ねていきます。

〔A〕君の言うことも分かるけど、残念ながらそれはできないんだよ……。
〔B〕なぜ、できないと、おっしゃるのですか？

一回のなぜで十分に引き出せなかったら、「なぜ？」「なぜ？」「なぜ？」と何度も繰り返して、本当の理由や背景を引き出していきます。ただし、このときは、第2章で紹介した質問の留意点も忘れないようにしなければなりません。

これで、論点、結論、根拠が明らかになりました。この三つを**論理の3点セット**と呼びます。簡単に言えば「○○とかけて（論点）、○○と解く（結論）。その心は……（理由）」です。三つに分けることで、あいまいな主張も随分すっきりと整理できるというわけです。

◆議論の構図を「見える化」する

互いの主張が整理できたら、今度は話し合いの構図を整理してみましょう。私たちはどうしても、意見が食い違うと、いろいろな論点を持ち出して、相手を攻撃にかかります。攻撃されたほうは、分が悪くなると攻撃をはぐらかして、別の論点を持ち出して反撃に出ます。どちらも、自分の有利な論点に持ち込もうと綱引きがはじまり、論点がかみあわないまま不毛の応酬が続くわけです。

議論の範囲を知るために、一旦それをやるのは悪くありませんが、どこかで「どんな論点があるのか」を整理する必要があります。その上で、「何を論点にするか」を話し合って合意してください。問題解決の勘所を見つけて、重要な論点に議論を集中させるのです。

論点がたくさん見つかったら、一旦整理して、優先順位をつけましょう。

一時に話し合える論点は一つだけです。あれもこれもテーブルの上に並べてしまうと、中途半端に食い散らかすだけで、どれも片付きません。整理をした上で、順番に片付けていくようにします。その簡単なやり方を説明しましょう。

①階層的に分ける

一番ポピュラーな方法が、大分類、中分類、小分類と階層的に分けるやり方です。本の目次からスーパーの商品棚まで、この形で整理されたものはたくさんあります。

たとえば、新しいビジネスを立ち上げるにあたり、エコ機器事業に参入するか、福祉サービス事業に参入するかで、二人の意見が食い違っているとしましょう。

このままでは論点が見えにくいので、新規ビジネスを、ハード事業とソフト事業に分けます。エコ機器はハード事業にあたり、他に健康機器なども考えられます。

一方の福祉サービス事業はソフト事業の一つで、他に教育サービスなどが考えられます。そうやって、新規ビジネスを階層的に整理すれば、どんな土俵で議論をしているのか、意見の食い違いがどこから生まれるのかが分かりやすくなります。

かみあわない議論の多くは、レベルがそろっていないこと

図表3-2　構造化のパターン

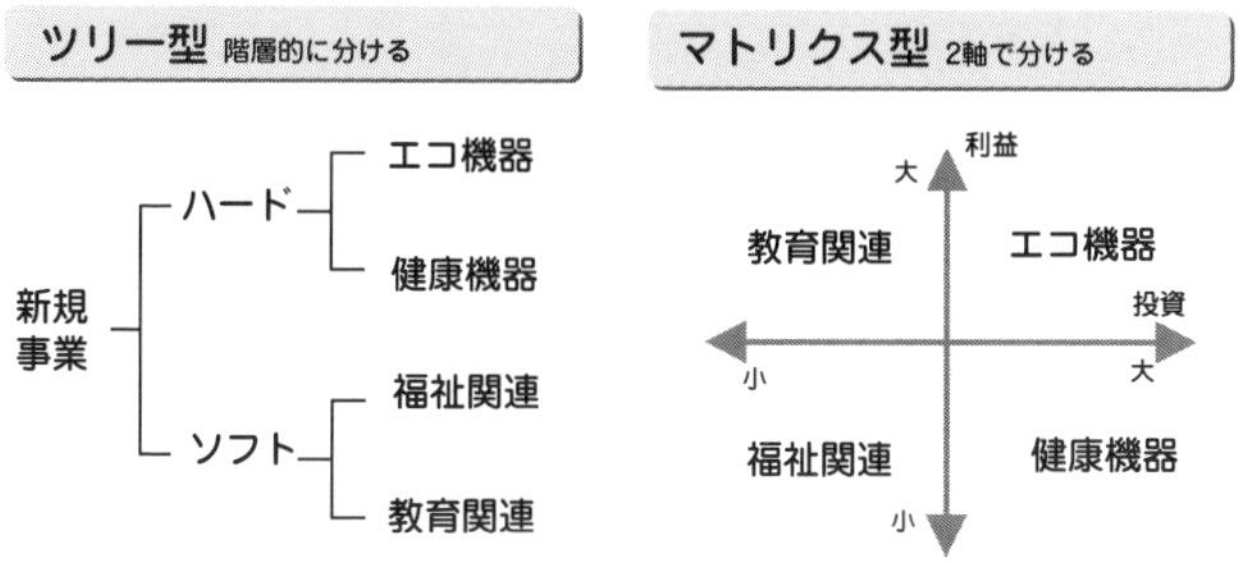

から起こります。ある人はハード事業を展開すべきだといい、ある人は福祉サービスがいいという。階層が違っているので、議論はすれ違いになります。すれ違いの議論をかみあわせるには、一旦整理をして全体像を共有するのが近道となります。

②2軸で分ける

もう一つよくある構図に、2軸で整理するやり方があります。先ほどの事例でいえば、費用対効果の観点から、投資の大小と期待利益の大小の2軸で整理する、といったものです。あるいは、新規商品か従来商品か、新規市場か従来市場か、2軸で整理するのもよいでしょう。

この形も、すれ違いの議論をかみあわせるのに役に立ちます。ある人は、投資額が小さいから福祉サービスがいいと言い、ある人は、期待利益が大きいからエコ機器がいいという。このように互いの主張の軸がずれていたのでは、どこまでいっても平行線です。双方の軸にとってどうなのか、どちらの軸を優先するのかを議論しないと、無駄な言い合いが続くことになります。

このような整理の仕方を**構造化**と呼びます。

構造化にはいくつかのパターンがあり、前者をツリー型、後者をマトリクス型と呼びます。他にもパターンがありますが、最低限この二つだけでも覚えておけば、大抵の議論は整理できるはずです。

加えて、**話し合いを整理するときは、「見える化」するのがコツです。**

構造化は言葉では説明しづらく、図解のほうがはるかに分かりやすいからです。実際、皆さんも、ツリー型、マトリクス型について、文章の説明を読んでよく分からなくても、図表3―2を見ればすぐに分かったのではないかと思います。

会議室ならホワイトボードを使って、軽い打ち合わせならテーブルの上に紙を広げて話し合うと、整理やかみあわせが楽にできます。そのための技法を**ファシリテーション・グラフィック**と呼びます。詳しく勉強したい方は、拙著『ファシリテーション・グラフィック』をご覧いただければ幸いです。

2

相手のホンネはどこにある？

◆ホンネを出さないから解決できない？

先ほど述べたのは話し合いを整理することで本質を見つけやすくする、いわば**論理的アプローチ**です。これから述べるのは、互いの心の中にある本質を表に出す、**心理的アプローチ**です。

先の原則3にあるように、論理と感情の両面から攻めないと、上手な問題解決ができません。後者は前者とは全く違ったスキルが必要となります。いわば、相手の「ホンネを引き出す技」です。

問題解決に際して対立が起こっている場面では、意外にホンネが出てきません。それは、自分の手の内をさらしてしまうと、相手につけこまれるのではないかと考えるからです。交渉を有利に運ぶために、手札はじっと懐にしまっているのです。

相手との関係性を考えて、ホンネを飲み込む場合もあります。勢いでホンネを語ったら、相手が傷ついて不機嫌になってしまった。ホンネをさらけ出したところ、「なんだそんなこと」と馬鹿にされてしまった。そういう失敗は山ほどあります。

ホンネを語るのは、かなりリスクの高い行為です。下手をすれば完全決裂となって、話し合いすら成立しなくなります。単にホンネを出せばよいというものではないことくらい、常識的な人なら誰もが分かります。察し合いや空気を読むのも、いらぬ摩擦を避けるためには必要なことです。

しかしながら、**ホンネを出さないことには真の問題解決はありえません。**

ホンネを棚上げにして、見かけだけの対立解消をしても、納得感は得られません。しかも、ホンネには問題解決の大きな手がかりが隠されています。ホンネを出さないと始まらないのです。

要するに、「ホンネを出す」というリスクの高い行為を、いかに安全にやるかの問題です。そのためのテクニックを今から紹介していきましょう。

◆「こだわり」を見つけ出そう

そもそもホンネとは何なのでしょうか。

『大辞林』(三省堂)を引くと「本心から出た言葉」とあります。自分が本当に思っていることや考えていることがホンネというわけです。

私は真の本心というものはないと考えています。今、この状況において、本当に思っていることが本心なんだと。それが本当かどうかは自分でも分からず、状況が変われば別のホンネが出るかもしれません。それが人間というものです。ホンネ探しをいくらやっても、玉ねぎの皮をむくようなものだと思います。

こう考えると、随分気持ちが楽になりませんか。本当の自分をさらけ出さなくても、相手を丸裸にしなくても、問題解決に必要なホンネを出せばいいんだと。

それが「こだわり」です。問題解決の場で「これだけは譲れない」と本人が一番こだわっていることです。「本当の欲求」を見つけ出すのです。

たとえば、第1章で挙げた社長プレゼンの話を思い出してみてください。Aさんの「見かけの欲求」は、Bさんから必要な分析データをもらうことです。その目的は、プレゼンを成功させることです。

これだけなら、Bさんが提案する先延ばし案に、あんなに抵抗するはずはありません。ところが彼は〝明日〟のプレゼンにこだわっています。それは、彼の本当の欲求が、「早く社長や上司に認めてもらいたい」だからです。これがAさんのホンネです。

それをストレートに出せば、「延ばせ／延ばせない」という取るに足らない議論にならなくてすんだはずです。本当の欲求を満たす新しい案も考えられたかもしれません。だからこそ、ホンネを引き出す技が求められるのです。

◆「心の声」を読み解くテクニック

一番安全な方法は、**相手の行動や態度からホンネを読み解くやり方です。**

言葉は繕うことができても、体は正直です。いわゆる**非言語メッセージ**に、ホンネを読み取る手がかりがたくさん隠されています。

①目から読む

まずは、何といっても目です。視線の送り方、目の動き、目の力などを見れば、本心から言っているか、どんな意図があるか、ある程度は推察できます。「目は口ほどにものを言う」です。

「目が泳ぐ」「目を見張る」「目を背ける」「目を輝かす」など、目を使った慣用句が多いのも、それだけ目がいろいろなメッセージを私たちに伝えてくれるからです。

②声から読む

次に声があります。話す内容ではなく、話し方に着目してください。具体的には、スピード（テンポ）、大きさ、トーン（高さ）、抑揚、声色などです。

誰でも興奮すれば、スピードが上がり、声のトーンも高くなります。逆に意気消沈すれば、声が小さくなり抑揚も平板になります。話し方に注意を払えば、その人の心理状態が推察できるようになります。

③態度から読む

三つ目に、態度です。興味・関心の度合いは、体の接近のさせ方や上体の傾きに現れます。首を傾げたり、腕を組んだりするのは、納得できないことを表しています。貧乏ゆすりや机をコツコツ叩くなどのイライラした仕草には、心の中の抑圧や葛藤が隠されています。言いたくても言えないことが、体のメッセージとなって出てきているのです。

このように、議論をしているときは、話の内容だけではなく、相手の態度や行動にも注意を払うようにしましょう。どれだけホンネで語っているのか、何を伝えようとしているのか、**心の声**をじっと観察するのです。

特に、注目したいのは、口で言っていることと、体で言っていることが違う**ダブルメッセージ**です。多くの場合、体が語っているほうがホンネのはずです。

◆空気、読めていますか?

さらに、集団で話し合っているときは、グループ全体の状態もよく観察してください。みんなが共通に抱いているホンネが隠れているかもしれません。

①関わり方を読む

誰が積極的に参加していて、遠慮していたり関わる気がないのはどの人か。相手によっても、関わり方は変わってきますし、自分は参加しようと思っているのに、受け入れてもらっていない人もいます。これらを行動、なかでもグループ内のコミュニケーションの量や方向性の中から見つけ出していきます。

②力関係を読む

誰が議論をリードしていて、誰が後からついていっているか。発言力が強い人はどの人で、ほとんど影響を与えていない人は誰か。これも、相手によって高飛車になったり、下手に出たりして、複雑な力学がグループに働いています。その結果、どんな進み方で物事が決まっていっているかにも着目するとよいでしょう。

③空気（ムード）を読む

盛り上がっているのか、沈滞しているのか。緊張しているのか、リラックスしているのか。満足感があるのか、フラストレーションが溜まっているのか、達成感を感じているのか、などなど。あるいは、グループ全員が共有している感情や考えはないでしょうか。「いいから早く進めて」「もっと意見を言わせて」「こんなんじゃ終わらないよ」といった心の声です。

個人への観察にしろ、集団への観察にしろ、**特に見てほしいのが変化です。**時間とともに心の声やムードは変わってくるはずです。なぜそうなったのかを分析するのです。

たとえば、沈滞していたムードが誰かの発言で一気に盛り上がったら、その発言が何かの琴線に触れたわけです。チームの葛藤や緊張が一気に高まったり、逆に急に穏やかになったとしたら、何かの働きが場で起こったからです。そこにホンネを読み解くヒントが隠されています。

◆言いたくても言えないことを指摘する

あわせて、**読み解いた結果は、本人やグループに投げ返して、あっているかどうか調べてみることをお勧めします。**確認の意味もありますが、的を射ていれば、それが誘い水となって、語らなかったホンネが出てくることがよくあるからです。

〔Ｂ〕Ａさん、何かおっしゃりたいんじゃありませんか？
〔Ａ〕いえいえ、別にそんな。でも、一言だけ……。

グループに関しては、みんなが言いたくても言えないホンネを指摘することで笑いが起こって、場がなごやかになることもよくあります。逆に見立て違いなら、それはそれで微妙な空気になります。あわてず、「それなら、私の勘違いなんでしょうね」と取り下げればよいだけです。

見立てに自信がないなら心の声をそのまま指摘するのではなく、行動を指摘すれば安全です。

〔B〕Aさん、このテーマになると声のトーンが上がってきましたね。
〔A〕え、そうですか。ちょっと入れ込みすぎちゃいましたかね……。

なかには、「私は空気が読めないから無理」という方がいらっしゃるかもしれません。悲観することはありません。**分からなければ相手に訊けばよいのです。**

〔B〕皆さん、居心地が悪いということはありませんか？

そうやって、やりとりを繰り返しているうちに、少しずつ観察眼が鍛えられ、ホンネがどこにあるのか読み解けるようになってきます。

◆質問力は観察力にかかっている

ホンネを引き出す二つ目のやり方は、こちらから質問を繰り出して引っ張り出す方法です。

私は仕事柄、雑誌などのインタビューを受けることが多いのですが、質問上手な記者と質問下手な記者の違いがよく分かります。

質問下手の記者は、そもそもこちらの話をいい加減にしか聞いていません。最初から自分の中に書きたい記事のシナリオがあるからです。それに合う話をしゃべらせたいだけで、極端に言えば、何を言っても記事の内容は変わらないのです。なので、質問の最初から答えが用意されており、こちらの答えの中から、自分の興味の引く言葉を捜しているだけになります。

それに対して質問上手な記者は、聴き上手です。最初は、相手のエンジンを暖めるために、相手が興味ありそうなことをしゃべらせて、褒めたり感心したりします。第2章で述べた「共感力」を使うわけです。

話に乗ってきたら、本題に関する質問を繰り出します。それも、相手の反応を観察しながら、その場で質問を臨機応変に組み立てていきます。話し手の言いたいことと、書き手の書きたいことをすりあわせ、最終的な記事のシナリオを考えながら質問をしていくわけです。

闇雲に質問攻めにしても、ホンネは出てきません。**「観察する→質問する→観察する」の繰り返しが、質問力を高めてくれます。**

言い換えれば、いくら質問の技術を身につけても、観察力がなかったら、その技は相手に通じないということです。質問力と観察力は一体のものであることを覚えておきましょう。

◆ホンネを引き出すキラーパスとは

質問と観察は、サッカーのパスのようなものです。

こちらから弱くパスを転がしたら、ワンバウンドでボールが返ってきた。高いボールがほしいのかと弓なりのボールを送ると、今度は低く転がるパスを返してきた。そんなやりとりの中から、互いのレベルあわせをしているわけです。

もちろん、パスをやりとりしているだけでは、ホンネは出てきません。パスを通じて気持ちや関係を高め合ったところで、「よし、いまだ!」とキラーパスを送ります。その出し方とタイミングがあえば、一気にホンネという名のゴールへとボールを蹴り込んでくれるわけです。

私がよく使う、キラーパスとなる質問をいくつか紹介しておきます。

①自信を確かめる質問

一番、簡単なのが、相手にグッと迫って、自信を確かめる質問です。

〔A〕だから、ここは大幅な人員削減に踏み切るべきなんだよ。
〔B〕本当にそうなんですか? 心からそう思っていらっしゃるのですか?

これがキラーパスになるのかと疑問に思う方がいらっしゃるかもしれません。それは、タイミングと言い方次第です。絶妙のタイミングを見計らって、相手に近づいてグッと目を見て、迫力ある声で質問をします。まさに、真に迫るわけです。

もちろん、だからといって「いえ、ホンネでは……」と素直には出てきません。「そうに決まってるじゃないか」「他にないんだよ」と、タテマエを擁護する答えが返ってくるのが通例です。

大切なのは、そのときの相手の態度や口調を読み取ることです。

動揺したり、言いよどんだり、イラついたり、ムキになったりしていたら、少なからず心の中に葛藤があるはずです。かならずしもホンネではそう思っていない部分があるわけです。「今、一瞬、間がありましたよね」と観察結果を指摘して、相手のホンネを引き出していきましょう。

②極論をぶつける質問

自信を確かめる質問をしても、はぐらかしていると見えるような人には、ちょっと極端な質問をしてみてください。

〔A〕だから、ここは大幅な人員削減に踏み切るべきなんだよ。
〔B〕100%そうだとおっしゃるのですね。他に案は一つもないと。

自然科学の世界の話ならともかく、人間がやることに100％正しいことや、可能性が0％ということはありません。それを承知の上で、**極論をぶつけてみて、相手の反応を見るわけです**。ちょっとズルい手かもしれませんが、うまく使えば効果があります。

多くの場合、「そんな（極端な）ことは言っていないよ」という返事が返ってくるはずです。そこですかさず、「じゃあ、他にどんな可能性があると考えているのですか」と、相手のホンネに切れ込んでいきます。

ついでに言えば、極論は、**煮え切らない人のホンネを引き出すのにも使えます**。二者択一の究極の質問をして、強制的に選ばせるのです。

〔A〕大幅な人員削減に踏み切るべきなんだけど、悪影響が大きいしなあ……。
〔B〕今、やるやらないと決めないといけないとしたら、どっちですか？

③本当の自分に迫る質問

タテマエというのは、いわば「べき論」です。「私はこうしたい」（want）ではなく、「我々はこうすべきだ」（should）、「我々はこうしないといけない」（must）という手合いです。

いわば、自分の意見を集団の意見にすりかえているのです。自分の意見ではなく会社として、課長として、母親として、ビジネスパーソンとして、立場や役割からものを言っているのです。

そういうときには、**個人に話をフォーカスして、本当に思っていることを引き出しましょう。**

> 〔Ａ〕だから、ここは大幅な人員削減に踏み切るべきなんだよ。
> 〔Ｂ〕あなた自身はそれでいいのですか？　べきではなく、どうしたいのですか？

もちろん、会社の中の話し合いでは、役割としての意見を通さないといけないことが大半です。「私個人は反対なんだが、会社としては……」と、役割としての意見と個人としての意見にギャップが生まれるのは当たり前です。

でも、互いのホンネが分かれば、「互いに苦しい立場ですね」と、ヒトとコトが分けやすくなります。「せっかくなら、自身も納得する解決策を見つけませんか」と問題解決への動機が高められます。その過程で、タテマエだけからでは生まれない新しい発想が生まれてくるかもしれません。

「私の意見なんて聞いてどうする？」と言われたら、このように、ホンネが問題解決にプラスに作用することを教えてあげてください。

④制限を取り払う質問

自分が置かれた立場から離れられない人には、仮定の質問が役に立ちます。制限を取っ払うことで、自分のホンネに気づかせるのです。

〔A〕だから、ここは大幅な人員削減に踏み切るべきなんだよ。
〔B〕仮に、あなたが社長の立場だったら、その話を聞いてどう思いますか？
〔B〕もし、他社がこれ以外の方法で立ち直ったとしたら、何が考えられますか？
〔B〕たとえば、10年後にあなたが後悔していたとしたら、何が原因でしょうか？

仮定の質問は、思考の枠を広げる効果があります。これについては、第4章の「視点力」のところで、もう一度詳しく述べたいと思います。

⑤感情に訴える質問

タテマエを語ると、理屈に偏りがちです。「○○のためには、○○の点から考えると、○○のほうがいい」といった言い回しです。論理を使って、効用を明らかにしていくのです。

それに対して、**直観や感情こそがホンネであることがよくあります。**たとえば、「理屈で分かっていても、気乗りしない」というのは、ホンネではやりたくないのです。その感情が生まれてくるには、意識しない何かが隠されているのです。

〔A〕だから、ここは大幅な人員削減に踏み切るべきなんだよ。
〔B〕そんなことをやって、あなたは楽しいですか？

この質問は、意外な効果を生むことがあります。世の中の多くの議論は論理を使って相手を説得するものであり、感情が俎上に上ることがありません。意表をつかれて、意識しなかったホンネに気づいたり、思わずホンネの一端が飛び出るというわけです。

◆ちょっと危ない究極のテクニック

ホンネを引き出す質問の最後に、究極の方法をお教えしましょう。相手をとことん追い込んで、怒らせることです。

ホンネがなぜ出ないかというと、それを邪魔する**壁**（**エッジ**）があるからです。ホンネを出すリスクを考えて、自己規制が働いているわけです。

エッジを越えさせるには、勢いをつけると同時に、リスクを忘れさせるほど興奮させるのが一つの方法です。これを**ホットスポット**と呼びます。今まで述べた質問を畳み掛けていって、

「売り言葉に買い言葉」「思わず口走ってしまった」と、勇み足を誘う戦法です。

〔A〕だから、ここは大幅な人員削減に踏み切るべきなんだよ。
〔B〕そんなことをやって、あなたは楽しいですか?
〔A〕だって、仕方ないじゃないか。もうこれしか手が残っていないんだから。
〔B〕どれだけの人が苦しむのか知っているのですか。あなたはそれでいいのですか?
〔A〕うるさい、そんなことくらい分かっている。私だって本当はやりたくないんだ!

お分かりのように、これはかなり危険な方法です。ホンネを引き出したはいいが、互いに深く傷ついてしまったということになりかねません。そこまでいかなくても、ある程度は気まずくなることは避けられません。それこそ、上杉景勝と直江兼続のように、しっかりとした信頼関係を築き、安心できる場でやらないと、大やけどをしてしまいます。

ただ、後で詳しく述べますが、案外エッジを飛び越えてしまうと、「なんだ、そういうことだったのか」「それなら、そうと早く言ってよ」となることも少なくありません。案ずるより産むが易し、危険な方法ではありますが、ここ一番というところで使ってみてはいかがでしょうか。

◆自分が心を開けば、相手も開く

ここまで述べてきたホンネを引き出す方法は、どちらからといえば**プッシュ**戦略です。

プッシュとは、追い込んだり、競争させたり、挑発させる働きかけです。相手にプレッシャーをかけて、その反発力を利用しようとする作戦です。

もう一つ、**プル**と呼ばれるやり方があります。

自然の働きに任せ、引き出し、誘発する、湧いてくる働きかけです。相手が主体的に動くのをじっと待つ作戦で、相手を饒舌にさせて、自分からしゃべらせるのがプルです。

押したり引いたり、プッシュとプルをうまく使い分けることが、ホンネを引き出すのに欠かせません。刑事ドラマでの取り調べで、ガンガン攻め落とすのがプッシュで、カツ丼を出して家族の話をするのがプル。その絶妙の組み合わせが、容疑者の自供に追い込んでいくわけです。

第2章の「共感力」というのは、すべてプルの技として使えます。話を聴いたり、相槌をうったり、共感の姿勢を見せることで、ホンネを話しやすくするのです。

加えて、代表的なプルの技を一つ追加しておきましょう。「自分が先にホンネを語る」です。

たとえば、こんな感じになります。

〈A〉だから、ここは大幅な人員削減に踏み切るべきだよ。
〈B〉私個人は、絶対にやりたくありませんが、仕事だから仕方ないのかなあ……。
〈A〉そうなんだよ。他によい手があれば、こんなこと私もやりたくないんだ。

心理学では、自分の心を開いてホンネを語ることを**自己開示**と呼びます。

自己開示には**返報性**があるといわれています。それを受けた人は、お返しとして、同程度の内容や深さの自己開示をしようとする性質です。

これは日常的に経験します。キャンプに行って夜遅く友だちと悩みごとを語り合っているうちに、普段なら決して話さないことを告白してしまった、といった具合に。自己開示が互いに繰り返され、どんどんそのレベルが上がり、深いホンネの語り合いへと進んでいったわけです。

相手のホンネを引き出そうとするなら、まずは自分がホンネで語ることが重要になってきます。

過去の失敗を明かしたり、自分の弱みなどを出したり、今まで隠していた内面を出せば、相手も打ち明けようという気持ちになります。相手のコートを脱がせるには、まず自分がコートを脱ぐことです。

◆「引き出す」から「あふれ出す」へ

対立が起こっている場面で、「一体、この人は何を考えているのだろうか?」と相手のホンネが分からず、苦労することがよくあります。「ホンネを知りたい」というのは、問題解決のときに限らず、人と関わって生きていく人間の根源的な欲求なのかもしれません。

だからといって、「相手のホンネを引き出してやろう」という心根では、うまくいかないように思います。

ホンネとは本当の欲求です。そのテーマと人間関係の中で生まれてくる、「こうありたい」「こうしたい」という思いです。

実際には、本人が気づいていないケースが多く、引き出そうとしても出てこないこともあります。特に会社の中では、「ホンネを聞いてどうするの?」となることもしばしばです。

そういう人同士が話し合っているのですから、「ホンネを引き出す」という表現は適切でないかもしれません。「ホンネを生み出す」と言うほうが正確だと思います。互いの思いや感じていることをぶつけあって、みんなで互いのホンネを探していくのです。

ホンネとは、その場その時に、場からあふれ出すものである。そういう心根で、ここで述べたテクニックを使ってほしいと思います。

3 共通の課題を見つけ出そう！

◆手段は違えど思いは一つ

相手のこだわりやホンネが見つかったら、いよいよ議論の本質を見つけ出しましょう。第2章で述べたように、人は、同じ背景に置かれたら、同じようなことを考えます。人間の根源的なところの思いに大した違いはなく、本当の欲求に大差はありません。

つまり、**ホンネには、普遍性があるのです。**

たとえば、先ほどから例として挙げている人員削減の話。普通は、推進派のAさんと反対派のBさんとで、メリット／デメリットといった論理的な話から始まります。そのうちに、その裏にあるものを掘り下げていくと、価値観の元になる個人的な経験が浮き彫りになったりします。

たとえば、Bさんは、過去に突然派遣切りにあって、路頭に迷ってしまったことがある。生活に困っただけではなく、自分は世の中で不要とされている人間なんだと思って、生きる気力もうせてしまった、といった話です。おそらく、この話を聞けば、「仲間を大切にしたい」というBさんのホンネは、誰もが理解し共感できるものになります。

Aさんだって同じかもしれません。人員削減をすることで会社が危機から脱出できれば、残った人は助かります。同じ船に全員乗れない以上、共倒れして全員が路頭に迷うより、少しでもいいから助けたい。そういう意味では、Aさんのホンネも「仲間を大切にしたい」なのです。

要するに、AさんとBさんは、手段が違うだけで、心の奥底にある思いは一緒。「人員削減するかしないか」ではなく、「どうやったら仲間を苦しめない再建ができるか」というテーマを設定すれば、ともに協力して知恵を出し合えるのです。

これこそが、本来話し合うべき「議論の本質」です。

◆どこが二人の分かれ道なのか

このように、一見対立している両者であっても、何から何までことごとく違うという場合は、ほとんどありません。

典型的なのが、先ほど述べたような、**目的は一致しているが、手段が違うというパターンです**（他に、問題の捉え方は同じなのに、原因に対する考えが違う。総論では合意しているが、各論では意見が異なる、という場合もあります）。

どうしてそうなるかというと、すべて意見が違うのなら、そもそも話し合う必要はないからです。話し合うからには、何か共通項があるはず。そこを明確にした上で、違う点について議論を集中させないと、ムダなことを話し合う羽目になります。

やり方はこうです。今度は、英語教育について二人の意見がぶつかっているとしましょう。

> ◇小学生の英語教育についてどう思いますか？
> 〔A〕小学生から英語を学ぶべきだ。
> 〔B〕小学生に英語教育をすべきではない。

それぞれに理由があると思います。「何のために」を使って、その手段を取る狙いや目的を尋ねてみましょう。たとえば、次のようなものです。

> ◇何のために、それを主張されているのですか？　その目的は？
> 〔A〕国際社会に通用する人間になってほしいから。
> 〔B〕日本語こそ小学生の間に身につけてほしいから。

まだ意見が食い違います。さらにもう一段、「何のために」を使って、狙いや目的を尋ねてみましょう。

◇何のために、それを主張されているのですか？ その目的は？
〔A〕これからの、日本の社会を担う人材を育てたいから。
〔B〕これからの、日本の社会を担う人材を育てたいから。

ここで、二人の意見が一致しました。「日本の社会を担う人材を育成したい」という点では、両者は一致していて、その手段として何を学ばせるのが効果的か、考え方が違うのです。この問題を決着させるには、この「分岐点」に議論を集中させる必要があります。

「そもそも論」に一度戻って、分岐点を探すことで、議論の本質を見つけ出せるわけです。

◆Howの前にWhatを見つけ出す

チームとは、単なる人の集まりではありません。**共通の目的や目標を持った集団を、我々はチームと呼びます。**

「人員削減する／しない」、小学生の「英語教育をする／しない」の構図で議論しているうちは、チームではありません。それどころか、議論という意味では敵同士です。

ところが、「どうやったら仲間を苦しめない再建ができるか」「どうしたら、日本の社会を担う人材が育成できるか」であれば、共通の目的として受け入れることができます。**敵味方ではなく、共通の目的を達成するための仲間になれるわけです。**

こうすれば、敵は相手ではなく、目的や課題になります。共通の敵を、互いの知恵を集めてやっつけることで、真の仲間になるのです。

私たちはどうしても、今この場で話し合っていること（How）が、問題解決すべきテーマと思ってしまいがちです。対立があれば、なおさら近視眼的になってしまいます。

ところが、広い視野に立ち、そもそもの目的に立ち戻れば、本来議論すべきテーマ（What）が見えてきます。対立がある局面では、一旦テーマをリセットして、本来のテーマに再設定しないと、よい解決策が見えてきません。

図表3-3　統合的な目標を見つけ出す

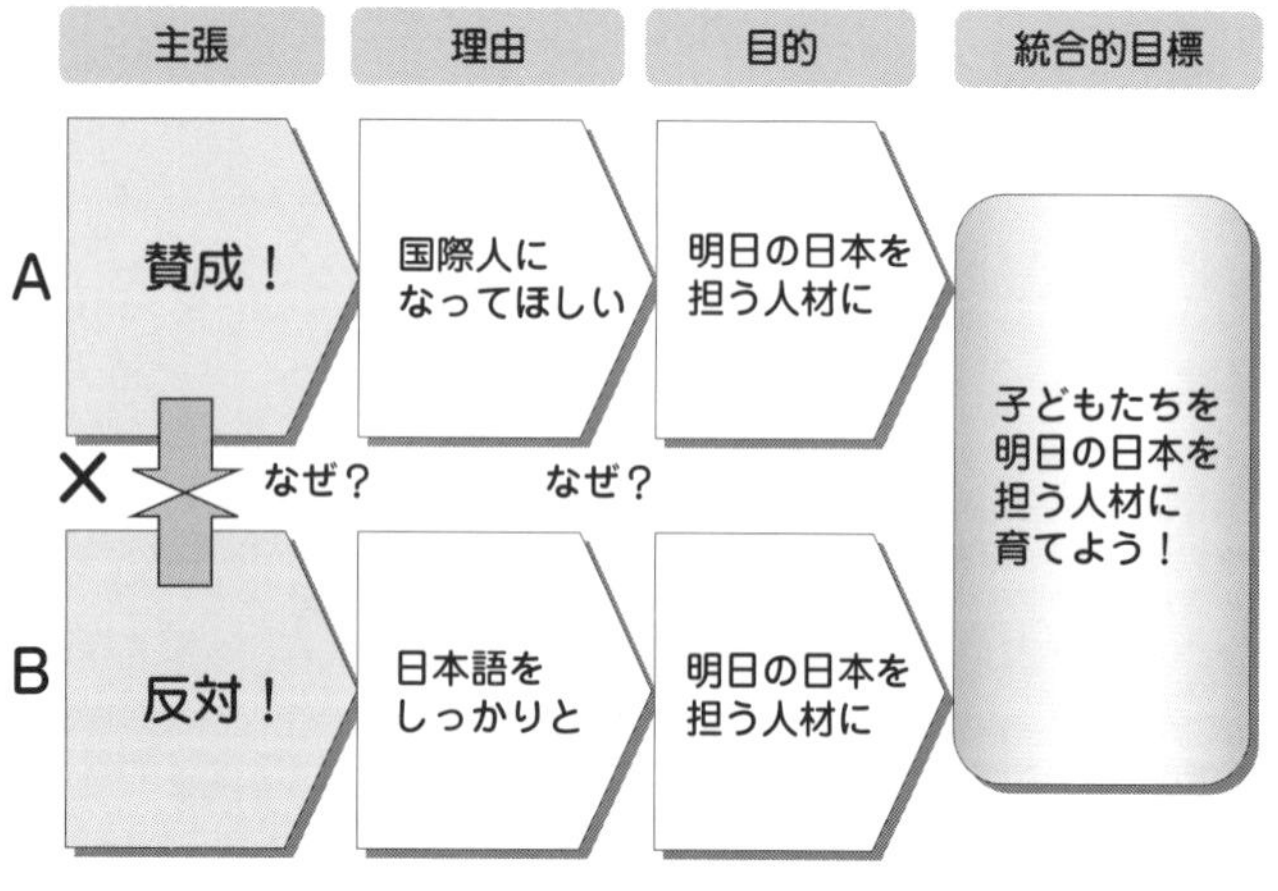

これを**問題の再設定**と呼びます。

学生時代、数学の図形問題でなかなか解けないときに、先生が１本の補助線を引いただけで、「ああ、そういうことか」と目の前が開けた経験があると思います。まさに、あの感覚です。

言い方を換えれば、**解けない問題を解ける問題に設定し直すわけです。**

◆上位目的が一致しているか

具体的な例を一つ挙げてみましょう。

ある町で、駅前再開発にからみ、道路の拡幅の問題が起こりました。道路を広げて交通の便をよくしたいという推進派。広げると交通量が増えて、安全上や環境上の問題が起こるという反対派。両派が真っ向からぶつかりあってしまったのです。

そこで登場したのが、この手の話し合いを扱ってきたプロのファシリテーター。両派の意見が一通り出尽くした後で彼が提案したのは、テーマの再設定でした。「道路を広げるか広げないか」という議論をやめて、「このまちをどんなまちにしたいのか」という、まちのビジョンづくりをテーマにしないかと切り出したのです。

道路の拡幅の狙いは、駅前の再開発です。再開発の狙いは、まちの活性化です。であれば、本来議論すべきは、どうやってまちを活性化するか、どんなまちが活性化されたまちなのかを話し合うことです。

そこに気づいた両者は、まちの活性化のビジョンづくりから話し合いを再スタートさせ、その中で互いの思いや背景を出し合っていきました。それが合意できたら、次に駅前の再開発の話、次に道路の話と、上位概念から順番に話し合っていきました。

もちろん、最後のステージではもめることもあったそうですが、大きなゴールは一致しているので、険悪なムードにもならず、前向きに議論できたそうです。


このように、**意見の隔たりが大きいときは、まずは一致点を探してみてください。**

その多くは、上位目的だと思います。まずは、大きいところから一致点をつくり、少しずつ細かい点に降りていく。**一旦、上げてから下ろすというのが、対立があるときの進め方の常套手段だと覚えておいてください。**

たしかにそうすることで、時間はかかります。しかしながら、当初の問題の議論だけ見れば、時間はかなり短縮されます。いきなりぶつかりあって激しい消耗戦をやった上に、遺恨を残す決着をするか。トータルでは時間がかかっても満足度が高い問題解決をするか。長い目で見れば、どちらが得かは言うまでもないと思います。

◆キラーパスを成功させる秘訣

ただし、このアプローチを使っても、議論がうまく進まないことがあります。たいていは、次のどちらかが原因で、心当たりがないか考えてみてください。

一つは、そもそも論に戻りすぎて、議論が抽象的になりすぎてしまったという失敗です。これは、社内の対立でよく起こります。たとえば、社内のどんな問題であろうが、上位目的とつきつめていけば、「利益の拡大」になるからです。すべての問題が「利益を拡大するにはどうすればよいか」というテーマに再設定できるわけです。

ところが、これではあまりに漠然としてしまって、アイデアが出てきません。問題があまりに大きすぎて、みんな思考停止になってしまいます。

人間関係で起こる問題や社会的な問題も同じです。「人類の平和共存」とか、「持続可能な社会づくり」まで問題を上にあげてしまうと、わけが分からなくなってしまいます。

そこまで立ち戻らず、一歩手前の「仕事の効率化」「社員のやる気アップ」「イキイキとした私のまち」「温かみのある家庭生活」くらいにしておくのがコツです。

手段ができるだけ柔軟に考えられて、抽象すぎない本質的なテーマを設定する。そこが、問題解決の妙であり、議論をリードする人の腕の見せ所です。

もう一つよくあることは、「そもそも論」に戻すタイミングが早すぎる、という失敗です。今まで挙げた本質的なテーマをもう一度よく見てください。聴けば当たり前の話ばかりだと思います。本来そういうものなのです。

なので、自分の言い分を通すことに血道をあげている間は、「我々が本来議論すべきことは……」とそもそも論を投げても、「当たり前じゃないか」「そんなことは分かっているよ」とスルーされてしまいます。そこに思い至る余裕が、気持ちの上でまだないのです。

ところが、具体的な話を散々やって、両者とも一歩も譲らずデッドロックに乗り上げてしまった。そのタイミングで「皆さん、今日我々が本来議論すべきことは……」と投げかけると、ハッと我に返ります。同じ投げかけにも関わらず、「目から鱗」となるのです。

残念ながら、このタイミングは空気から読むしかありません。開始から30分後のときもあれば、何ヵ月も議論した後のときもあります。

ともかく、**本質的テーマを受け入れるには、ふさわしいタイミングがあります**。そのことを頭に置いて、いつ投げれば効果的かを考えて、キラーパスを出すようにしましょう。

第3章のまとめ

❶ 話し合いの本質を見つけ出すには、論点、結論、根拠の「論理の3点セット」を整理することが必要となります。

❷ 論点を「見える化」して整理すると、話し合いの構造が分かりやすくなります。構造化をするには、階層で分ける、2軸で分けるといったパターンを覚えるのが近道です。

❸ ホンネ（本当の欲求）を出さないと、話し合いの本質は見つかりません。相手の行動・態度や場の空気から「心の声」を読み解く「観察力」が鍵となります。

❹ 観察する→質問する→観察する、の繰り返しが質問力を高めてくれます。あわせて、ホンネを引き出すための"キラーパス"となる質問法を覚えておくと便利です。

❺ 相手のホンネを知りたければ、まずは自分がホンネで語ることが重要となってきます。ホンネとは、その場その時に、場からあふれ出すものであることも覚えておきましょう。

❻「そもそも論」に一度戻って、両者が一致できる本来の目的を探すことで、解けない問題を解ける問題に再設定できます。共通の目的を達成するための仲間になれます。

❼ 問題の再設定をうまくやるには、テーマの抽象度を適度に設定することと、投げかけるタイミングを見計らうことが大切になります。

コラム3　ＡＤＲとメディエーション

皆さんは、ＡＤＲという言葉を耳にしたことがあるでしょうか。Alternative Dispute Resolution の略で、「裁判外紛争解決」と訳されています。

対立を解消する社会的システムといえば、誰もが思い浮かべるのが裁判です。いわば最終手段として法による解決があるわけです。

ところが、「『裁判だとお金も時間もかかりすぎるが泣き寝入りはしたくない』『相手と直接交渉していては解決しそうにない』『中立的な専門家にきちんと話を聞いてもらって解決したい』『信頼できる人を選んで解決をお願いしたい』というようなケースは決して少なくありません」（国民生活センターＨＰより）。そんなときに役立つのがＡＤＲです。

ＡＤＲでは、「メディエーター」と呼ばれる公平な立場の第三者を進行役にして、和解に向けての仲介や仲裁の話し合いを進めていきます。その役割は、第1章のコラムで述べたファシリテーターとほぼ同じです。当事者による話し合いが円滑に進むよう、双方の事情を引き出したり、議論を交通整理したり、解決のポイントを明らかにしたりします。メディエーターが解決案を押し付けないのも同じで、基本的には当事者同士の解決に委ねます。

さらに詳しく知りたい方は、鈴木有香著『交渉とミディエーション』をご参照ください。

第4章

視点力

～思考の壁を打ち破る～

1

選択肢の"幅"を広げる

◆納得感はどこから生まれてくるのか

互いの思いを分かち合い、共通の課題が見つかったら、後はそれをどう解決していくか、アイデアを出していくステージとなります。それぞれが主張していた当初の解決策を棚上げにして、もっと優れた解決策が考えられないか、ゼロベースで考えるのです。

ここで、一番大切なのは、**できるだけたくさんの選択肢（オプション）を挙げることです。**

よくある失敗は、出会い頭に誰かが「こんなのはどうだろうか？」と妙案を思いついたところ、みんなが「それはいい！」と飛びついて、みんなの答えにしてしまったというものです。

高級スーツを買うのに、たまたま入った一軒目の店で買ってしまったのと同じです。他にもっとよいスーツがあるかもしれないのに、それを検討せず買ってしまってよいのでしょうか。

これを「飛びつき病」と呼びます。

ありとあらゆる可能性を検討する。それが、**答えの合理性を高める一つの有力な方法です。**渋谷の店もチェックする、銀座の店もチェックする、新宿の店もチェックする……あちこち回るからこそ、よいスーツが見つかります。

しかも、**たくさん選択肢を出せば、答えへの納得感が高くなります。**

合理性というのは、理屈の問題です。渋谷の店のスーツは、もう少し細身のほうが好みだが値段が安い。それに対して、銀座の店のスーツは、スタイルもいいし体にあうが値段が高い。ここは、ローンにしてでも銀座のスーツにしようか……というロジックがしっかりしていることです。

それに対して、納得感は気持ちの問題です。**腹落ち感**といった言い方もします。

合理性が高ければ、すなわち考え方の筋道が通っていれば、納得感は高くなります。しかしながら、**合理性は納得感の必要条件にすぎず、合理性だけあれば納得感があるというものではありません。**理屈はそのとおりだが何か釈然としない、ということが起こるからです。

たとえば、銀座の店でそのスーツがいかによくても、他の店を見てみないことには、後ろ髪が引かれてしまいます。一通り可能性を調べたからこそ、「もうこの中にしか答えがない」「やっぱり銀座の店だ」と思えるわけです。

つまり、**納得感を得るには、話し合い全体のプロセスにどれだけ参加したかが重要な要素となります。**

もし、スーツの専門家が東京中の店を回って、どんなスーツを売っているかをチェックして、ベストな商品を提案したとしましょう。その提案で、あなたはそのスーツを購入できるでしょうか。

やはり、自分の足で店を回り、自分の目で実物を見ないことには、選べないと思います。納得感というのは、参加から生まれてくるからです。

議論の進め方を話し合って決めた、議論の中で十分に意見を伝えた、選択肢を考えるのに一緒に知恵を出した……。話し合いのプロセス全体にどれだけ参加するかによって、答えの納得感が変わってきます。この点も忘れないようにして、問題解決に当たるようにしてください。

ちなみに、「選択肢があまりに多いと納得感が下がる」という社会心理学の実験結果もあります。多すぎると、どれがよいか迷ってしまい、どれを選択しても「あの店のほうがよかったんじゃないか」と未練が残るからです。おそらく、選択肢の数よりも幅が重要なのだと思います。

◆意思決定の基準が一致しているか

たくさんの選択肢を出したあと、大きく二つのやり方で答えを決めていきます。

一つは、何かの合理的な基準で、一番よいものを選ぶ方法です。**その基準をしっかりすりあわせることが、答えの納得感を高めてくれます。**

ここで問題となるのが、合理的な基準です。これって一体何でしょうか?

実は、この話は結構奥の深い問題です。結論を先に言えば、これが合理的な基準だというものは定義できず、**「みんな（多くの人）が正しいと思う」基準というしかありません。**

たとえば、皆さんは選択肢が二つだけしかないときに、どうやって一方を選ぶでしょうか。よくあるのは、メリットとデメリットを比較して、メリットが多くてデメリットが少ないほうを選ぶと思います。これも、一つの合理的な考え方です。

あるいは、ビジネスの問題では、選択肢がたくさんあるときに、効率性を考えて答えを選ぶことがよくあります。費用vs効果や投資vs収益など、インプットとアウトプットを比較して、インが少なくてアウトが多いものを選ぶという方法です。これも万人に受け入れられる考え方です。

基準が二つに絞り込めないときは、たくさんの評価軸を置いて、総合的に選ぶというやり方もよく用いられます。基準ごとに選択肢を評価して、総合点で決着をつけ、最もバランスのよいアイデアを選ぶやり方です。基準が多すぎる場合は、基準の中で優先順位をつけて、重み付けをして総合点で評価します。

要するに、どんな基準で選択肢を評価するのか、その基準さえ全員で一致していれば、決め方は何でもよいわけです。

もちろん、世間一般の常識にあった基準（例：男女平等）、世の中のトレンドにあった基準（例：環境重視）、自社の経営理念にあった基準（例：お客様第一主義）のほうが受け入れられやすくなります。とはいえ、非常識な基準であっても、参加者全員が納得いくのなら別段構いません。

要するに、最後の意思決定では、「私たちは何を大切にして答えを選ぶのか」という価値観の議論になるわけです。価値観をできるだけすりあわせ、みんなが合意でき

図表4-1　意思決定のツール（例）

プロコン表

	メリット	デメリット
A案	・投資が少ない ・人材が活用できる ・販売網が活かせる ・ブランドがある	・市場規模が小さい ・新規参入が多い ・差異化が難しい ・顧客が限定される
B案	・技術が活用できる ・成功すれば利益大 ・競合が少ない ・顧客ニーズが高い	・リスクが大きい ・研究開発費が大 ・継続的な設備投資 ・時間がかかる

意思決定マトリクス

ウェイト（重み）	人材	設備	資金	リスク	合計
	×3	×2	×5	×1	
A案	10	5	7	5	80
B案	3	7	1	10	58
C案	5	1	10	3	70
D案	1	10	3	7	45
E案	7	3	5	1	53

る考え方で選択肢を選ぶようにしましょう。

図表4―1で挙げたツールは、こういった議論を合理的に進めるためのものです。ただ、勘違いしないでほしいのは、ツールを使ったからといって自動的に答えが決まるのではないことです。ツールを使ってどう議論を進めるかがポイントとなります。

先ほど述べたように、納得感は参加から生まれます。いくらツールを持ち出しても、メンバーを議論にうまく巻き込めなかったら、やはり納得感のある決定はできません。繰り返しになりますが、納得感は議論全体のプロセスから生まれてくることを忘れないでください。

◆コンセンサスで一歩前へ

たくさんの選択肢の中から一つの答えを選ぶ方法は、スッキリと意見がまとまれば、非常に優れた方法です。

ところが、人によって価値観が違い、なかなか一つの答えが選べないことがよくあります。だからといって、多数決をとったり、議長一任にしたりでは、納得感が下がります。何のために議論を積み重ねてきたのか、分からなくなってしまいます。

そこで、我々がとれるもう一つの方法があります。**異なるアイデアを統合して、全員が納得**

できる一つのアイデアをつくるやり方です。これを**コンセンサス**と呼びます。

ここで、早とちりしないでください。全員を100％満足させるものをつくろうというのではありません。そんなことをしていたら、果てしなく時間とエネルギーがかかってしまいます。

一人ひとりにとっては最善の策でなくても、みんなが「これだったら乗ってもいいよ」というアイデアをつくるのがコンセンサスです。

人によっては、自分の意見がほとんど通って100％満足の人もいれば、10％しか通らず不満が大きい人もいるかもしれません。それでも全員が、「みんながいいならこれでいこう」と言ってくれれば、コンセンサスができたことになります。別の言い方をすれば、反対する人がいない案をつくるのが、コンセンサスです。それで、とにかく一歩前に進もうと。

反対する人がいない以上、実行できない理由はありません。安易に多数決をして不満だらけの人をつくるよりも、全員賛成にして実行への決意とやる気を高める。コンセンサスのよさはここにあります。協調的な問題解決のためには、欠かせない方法だといってよいでしょう。

やり方としては、まずは複数の選択肢を出した上で、一番よいものを選ぶ努力をしてみましょう。これでスッキリと決まれば、合理性も納得性も一番高くなります。

それが難しければ、コンセンサスに切り替えます。**多数の人が支持する意見に、少数の人が**

支持する意見を、どうやって入れ込むのか、知恵を出し合っていきます。後で詳しく述べますが、知恵とやる気さえあれば、かならずみんなが満足できる案ができるはずです。

そうならなくても、「大枠について、もしくは幅広く合意していること」（サスカインド&クルックシャンク著『コンセンサス・ビルディング入門』）が求められます。それでも、どうしても合意形成ができなかったら、仕方ありません、多数決なり議長一任なり決定するようにしましょう。不満が残りますが、問題解決しないよりマシです。

2

「思い込み」を打ち破ろう！

◆この人はボクのお父さんじゃない!?

突然ですが、ここで一つクイズを出してみましょう（何かの本で似たような問題を見た記憶があるのですが、元ネタは忘れてしまいました）。

ある病院に救急患者が運び込まれてきました。緊急手術をするということで、外科医が患者のもとにかけつけると、なんと自分の息子ではありませんか。周囲の人に聞いても、二人は親子だといいます。

ところが、救急隊員がこの患者に「お父さんの手術だから安心してね」と言ったところ、「この人は僕のお父さんじゃないよ」と言います。なぜ、そう言うのでしょうか？

「大怪我でまともな判断ができなかった」と答えた方。でも救急隊員の呼びかけにはしっかり答えているのですよ。「お父さんと呼びたくない事情が親子の間にある」と答えた方。ＴＶドラマの見すぎじゃないですか。

答えは、簡単。外科医は患者の母親だったのです。

外科医と聞くと、多くの人は白衣を着た中年の男性をイメージしがちです。**人は誰でも、そういう思い込みで物事を勝手に判断しがちになるのです。**

◆頭が固いから対立が解消できない

人にはそれぞれ考え方の枠組みがあります。「こういうときは、こう考えればよい」といった、経験から得た、物の見方や考え方のパターンです。

人間は毎日大量の情報を処理し、たくさんの問題解決や意思決定をします。それをいちいちゼロから考えていたのでは、大変です。そこで、過去の経験則やパターンを使って、問題解決を加速するわけです。学習のおかげで大量の問題がすばやく処理できるのです。

ところが、一旦枠組みができてしまうと、それを使って無自覚的に物事を考えてしまいます。そのほうが早いし、楽ですから。そうすると、枠組みにとらわれてしまい、発想が乏しくなったり、物事を色眼鏡で見て決めつけてしまったりします。

こういった枠組みのことを、メンタルモデル、スキーマ、非合理的信念、固定観念など、学問分野によっていろいろな呼び名をつけています。それぞれ微妙に意味合いの違いがありますが、本書では、**思い込み**で統一したいと思います。

第1章でも述べましたが、対立がなぜ解消できないかというと、思い込みで相手や問題を見ているからです。「こうするのがいいに決まっている」「こうするのが当然（常識、当たり前）じゃないか」「どうせ、あの人は……だ」「きっと、あの人は……に違いない」というものです。

このように互いに頭が固くなってしまうと、自分が正しくて相手は間違っているという枠組みから離れられなくなってしまいます。だからこそ、「共感力」を使って、どちらも正しいことを理解し、「本質力」を使って、本来議論すべき共通の課題を探し出したわけです。

そして、最後はいよいよ「視点力」の出番です。

互いの思い込みを、議論を通じて打ち破り、それぞれが考えるアイデアよりもさらによいアイデアを一緒に考えていきましょう。

「視点力」がなければ、またもとの「どちらが正しい」の議論に戻ってしまいます。視野を広げて、今まで思いつかなかった「目から鱗」の素晴らしいアイデアを見つけ出しましょう。問題解決の質を決めるのは、最後は「視点力」にかかっています。

◆思い込みを打ち破る四つの視点

では、どうやって思い込みを打ち破っていけばよいのでしょうか。

おそらく即効性が高くて実践的なのは、**強制的に視点を転換させる方法だと思います。**点ではなく線で、線ではなく面で、面ではなく立体的に問題を見るわけです。

第3章で「分けることで分かりやすくなる」という話をしました。大きなテーマそのままで考えようとするから、煮詰まってしまうのです。適当に分けることで、考えやすいサイズにしましょう。しかも、分け方をいろいろ変えれば、いろいろな視点で物事が考えられるようになります。切り口を変えて新たな視点で物事を考えるのです。

図表４-２　四つの視点

人 （立場、利害関係者）	**時間** （時制、時間のスパン）
空間 （場所、システムの範囲）	**目的** （目的選択、レベル設定）

たとえば、「組織を活性化するにはどうすればよいか」を議論しているとしましょう。ブレーンストーミングをやっても、頭が固くてアイデアが出てこない。そういうとき、私はいつも次の四つの視点で考えるようメンバーを促しています。

①人を変える

人によって考え方の枠組みや求めるものが違います。別の人の立場で考えることで、思い込みの壁が打ち破れます。

> ◇最近の若い女性にとっては、何が活性化につながると思いますか？
> ◇草食系の人が活性化するって、どんなときなんでしょうか？

男性／女性、新人／ベテラン、一般職／管理職、正規社員／非正規社員、日本人／外国人、理科系／文科系、肉食系／草食系など、人を分類する切り口はたくさんあります。

問題によっては、自社／顧客／競合、行政／住民、先生／生徒など、利害関係者を変えることで、異なる発想が生まれてきます。ビジネス以外の全く違う世界の知恵も、立位置を変えて考えることで、利用可能となります。

◇いつも元気な競合他社では、どんな取り組みをしていると思いますか？
◇ボランティア団体は、なぜみんな活性化しているのでしょうか？

②時間を変える

一つは、過去、現在、未来と、問題を考える時制を変えることです。たとえば、過去の経験から問題解決のヒントを見つけ出したり、現在の活動から、問題解決の資源を洗い出したり。うまくいった未来の姿を想像して、そこから現在や過去を振り返る、逆転の発想もできます。

◇過去に、会社が活性化していたときって、何をしていたんでしょうか？
◇3年後に会社が活性化していたとしたら、何がうまくいったのでしょうか？

もう一つは、時間、すなわち物事を考えるスパンを変えます。短期、中期、長期と時間的な尺度を変えれば、物の見方は変わってきます。

◇今すぐできる、即効性の高いことを、いくつか挙げてもらえませんか？
◇長い目で見て、活性化のためになることって、何でしょうか？

③空間を変える

ここでいう空間も二つの意味で使っています。一つは、文字通り、地理的な空間です。市町村、日本、アジア、地球と、空間のレンジを変えることで、物の見方を変えようというものです。

◇関西地区に限れば、どんな施策が効果的だと思いますか？
◇ヨーロッパの国では、どんな考え方で取り組んでいますか？

もう一つは、システムの広がりです。たとえば、集団の単位がそれにあたります。個人、チーム、部課、事業部、会社、業界……といった具合です。

◇あなた自身は、何をすれば一番活性化されますか？
◇会社全体で取り組むべき活性化の施策って何がありますか？

④目的を変える

単純な問題ならいざしらず、一つの行動は、複数の目的のためにするケースが多いです。それに、目的にはかならず上位の目的があり、どのレベルの目的を設定するかによって、重要視するものや優先順位が変わってきます。

◇売上アップに直接寄与するための、活性化策は何がありますか？
◇従業員の達成感を高めるためだとしたら、どんな方法が考えられるでしょうか？

同じことをするのでも、目的を変えれば、違った意味を持つようになります。目的に立ち返って手段を考えるというのは、視点を切り替えるための有効な策の一つです。

◆視点のストックを増やそう！

これら四つの視点は、どんなテーマでも使える、いわば万能選手です。最低限、頭に入れておいてほしい必須課目となります。

この他に、できれば覚えてほしい、選択課目があります。**フレームワーク**と呼ばれている、考え方の切り口がセットになったものです。

といっても、そんなに難しく考える必要はありません。すでに皆さんの頭の中に、ある程度は入っています。それを、臨機応変に取り出せるようになればよいだけです。

具体的には、漢字の熟語の中にたくさんのフレームワークが隠されています。

2字熟語でいえば、大小、長短、男女、高低、上下、明暗、新旧、貧富、損得、公私、遠近、需給、内外、異同、自他、質量、強弱、主客……といったものです。すべて、物事を二つの側面からバランスよく見るためのフレームワークとして使えます。

3字熟語もあります。人物金、朝昼晩、和洋中、松竹梅、心技体、報連相などです。よかったら、4字熟語やそれ以上も探してみてください。

もちろん、かならずしも熟語になっていなくても、事務系／技術系、自由／平等、ハード／ソフト、イン／アウトなど、対になっているものなら何でもＯＫ。すべて、物事を考える視点として活用できます。

ただし、切り口のバランスにだけは気をつけてください。事務系／技術系ならバランスがとれていますが、事務系／文化系とすると偏った見方をしてしまいます。技術系（理科系）の人の視点が抜け落ちてしまい、発想が狭くなっています。

切り口を選ぶときは、テーマの全体をカバーしつつ、視点の偏りや抜けがないセットを使うようにするのがポイントです。

◆フレームワークのジレンマとは

さらにいえば、ビジネスを考える上での、バランスのよい視点がセットになったものがあり、それを使わない手はありません。3C、4P、SWOT、AIDMA、PDCA、GROWなど、それこそ枚挙に暇がありません。図表4―3で概略を示しますが、もう少し勉強したい方は拙著『ワクワク会議』『ロジカル・ディスカッション』を参照してください。

こういったフレームワークは、たくさん覚えれば覚えるほど、考える切り口は増えていきます。ところが、フレームワークを使っていると、どうしても馴染みのあるものばかり使うようになり、既存の枠組みでしか考えられなくなってしまいます。発想を広げるはずのフレームワークで、逆に発想を制限してしまう、フレームワークのジレンマです。

ですので、**フレームワークを使う際は、次から次へと取り出して、取っ替え引っ替え使うようにしてください。**そうやって、特定のフレームワークに縛られないようにするのです。

その上で、是非、**自分だけのオリジナルのフレームワークをつくっていきましょう。**それも、フレームワークに縛られないためには、テーマに応じて、その場で思いつくのがベストです。それこそが、本当の「視点力」だと思います。

図表4-3　ビジネスフレームワークの例

●3C

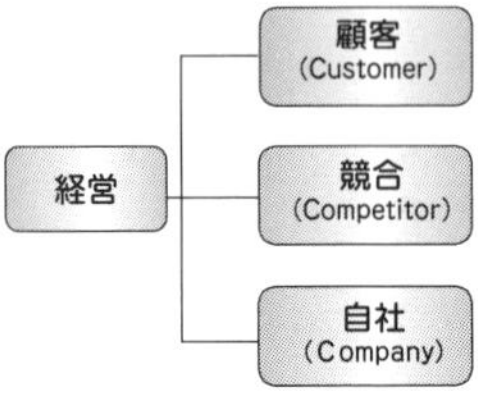

●SWOT

●4P

●QCD

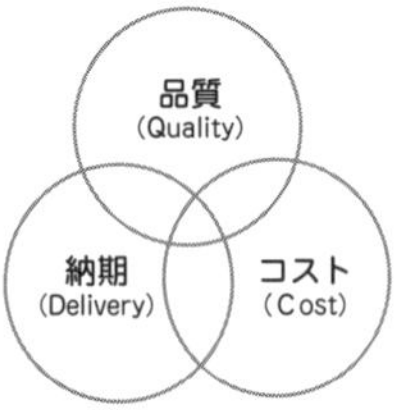

●PDCA

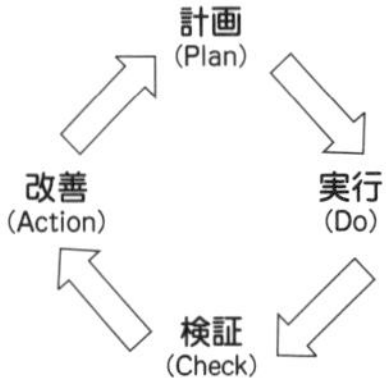

●AIDMA

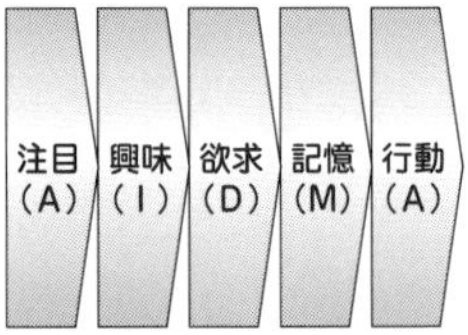

●KPT

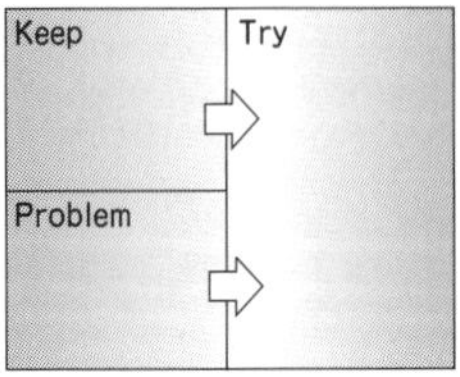

●GROW

◆隠れた前提を打ち破る質問テクニック

視点を広げるために、切り口とあわせて使ってほしいのが、隠れた前提を打ち破る質問です。私が日常的に使っているものの中から、問題解決にお勧めのものを紹介したいと思います。

①前提を疑う質問

隠れた前提でよくあるのは、事実に対する認識です。

たとえば、「日本の治安が悪化している」という話は、市民感覚ではそうでも、犯罪統計を見る限り、事実ではありません。会社の中でも、こんな〝都市伝説〟まがいの話が結構あります。

そもそも、**事実と意見を区別するのが、問題解決の基本中の基本です。**ところが、「社長がこう言っていた」「ユーザーが困っている」と、事実のふりをして意見を言う人がたくさんいます。

議論の前提となっている事実を疑うことで、別の考え方が生まれる可能性が出てくるのです。

> ◇本当に、わが社は危機に陥っているのでしょうか？
> ◇それが、ユーザーにとって、そんなに大きな問題なのでしょうか？

もう一つ隠れた前提であるのは、問題解決の目的です。

多くの問題解決には、達成したい目的があり、それが間違っていたら意味がありません。誤った方向に向かって、全力で走ることほど馬鹿らしいものはないからです。

よくあるのは、自部署の目的を追い求めるあまり、全社的な目的を見失うというパターンです。一度目的を疑って、そもそも論を投げかけてみてください。

◇そもそも、わが社はこれ以上、売上を増やす必要が本当にあるのでしょうか？
◇営業部の本来の目的は商品を売ることではなく、お客様を満足させることでは？

②思考を逆転させる質問

思い切って、一度、視点を逆に振ってみることで、見えなかったものが見えてきます。第2章で述べた逆転の発想です。うまくいけば、思いもつかなかった新しいアイデアが湧いてきます。

◇我々の弱みを強みに変える手はありませんか？
◇売上を上げることを考えるのではなく、上げずに済む方法ってないのでしょうか？

排他的な質問というのも、これにあたります。意外性のある質問で、物事を見る目が１８０度入れ替わります。

◇まだやっていないことがあるとしたら、それは何ですか？
◇逆に、これだけはやっちゃいけないという策を挙げてもらえますか？

問題解決の場では、どうしても話がネガティブになりがちです。そういうときは、前向きに気分を切り替える質問が効果的です。

◇できない理由を挙げるのではなく、できる方法を考えませんか？
◇もし、うまくいったとしたら、一体、何が成功したのでしょうか？

③制約条件をはずす質問

問題解決には、コスト、人員、時間など、さまざまな資源の制約がつきまといます。自分の役割、メンバーの力量、人間関係というのも重要な制約条件ですし、上位方針や施策の継続性も解決策を考える上での足かせになることがあります。

さらにいえば、「問題解決をしないといけない」「答えは一つしかない」という、暗黙のうちに我々を縛っている制約もあります。これらを、**仮定の質問**を使って全部はずしてあげれば、一気に視野が広がります。

◇もし、時間とコストを無限にかけていいとなったら、どうしますか？
◇仮に一からやり直すとしたら、どんなやり方をしますか？
◇もし、すべての部門があなたの自由になるとしたら、どんな方策をとりますか？
◇仮にあなたが、経営コンサルタントだとしたら、どんな手を打ちますか？
◇仮に、本質的な解決でなくてもいいと言われたら、何ができますか？

もちろん、広げただけでは答えにならないので、後で実現性を吟味することはいうまでもありません。とはいえ、決して結果は同じにならず、一旦制限をはずして広げることで、見落としていたアイデアに気がついたり、新しい可能性が見つかったりします。

④考えるレンジを変える質問

多くの人は、問題を前にしたときに「この問題は私特有のものだ」「ウチの会社の事情は特殊だ」と考えがちになります。これも大きな思い込みであり、一般論に戻すことで、少し落ち着いて俯瞰して問題が見られるようになります。

もちろん、この逆もあります。何でも一般論で物事を処理しがちな人には、特殊論で考えてもらうことで、視野を広げてもらいます。

◇そういうときは、経営学の世界では、どうするのがよいと言われているのでしょうか？
◇その経営学の考え方をとった場合、メンバー一人ひとりはどう変わるのでしょうか？

もう一つよくあるのが、部分最適と全体最適です。人はどうしても、自分にとって、自部署にとって最適な策を考えがちです。狭くなった視野を広げる質問が功を奏します。

◇空の上から、我々の議論を見ていたら、どんな風に見えるでしょうか？
◇仮に、あなたが社長だったら、どんな解決策をしてほしいと思うでしょうか？

⑤量を強制する質問

第２章で、究極の質問でホンネを引き出す、という話をしました。選択肢を絞ることで、考えを研ぎ澄ませようというやり方です。

今度はその逆をやってみましょう。アイデアのノルマを課すことで、強制的に思考の壁を打ち破っていくのです。「たくさんアイデアを出せ」といわれたら、苦し紛れに発想を広げざるをえなくなります。「質より量を」というブレーンストーミングの基本原理はまさにこれです。

◇他に、できることをあと5つ挙げろと言われたら、何？
◇あと20個アイデアが必要だとしたら、どんな切り口を考えますか？

◆「ないない病」を打ち破ろう

問題解決には、ヒト、モノ、カネといった資源が必要です。**資源（リソース）がたくさんあればあるほど、解決の幅が広がってきます。**

ところが私たちは、資源についても「これだけしかない→だから、これしかできない」と、頭を固くしがちです。モノやカネといった、目に見えるリソースは、工夫次第でやりくりができます。本当に資源がないのか、他から持ってこられないのか、何かで代用できないのか、なければ何もできないのか、それが本当の問題なのか……頭を柔らかくして考える必要があります。

なかでも一番見落としがちなのが、ヒトが持っている資源です。情報、知識、能力、経験、長所、権限、ネットワーク（関係）は誰でも気がつきますが、やる気、興味、失敗、短所なども、使い方次第で大切な資源となります。

なぜ、こういった資源を見落としているかといえば、ラベリングをしているからです。「あの人には資源がない」と勝手に決めつけているのです。

そういうときに使いたいのが**リフレーミング**です。**人や問題を見る枠組みを変えて、新たな資源を見つけようというのです。**

たとえば、コップに半分まで水が入っていたとしましょう。「半分しかない」と考えると、「資源が足らないからできない」となります。ところが、「半分もある」となると、「この資源をどう活用できるか」と思考が前向きになります。

物事、ポジティブに捉えるかネガティブに捉えるかは、本人次第。見方を変えれば、短所や失敗も資源に変えられるわけです。

図表４-４　問題解決に使える資源（リソース）

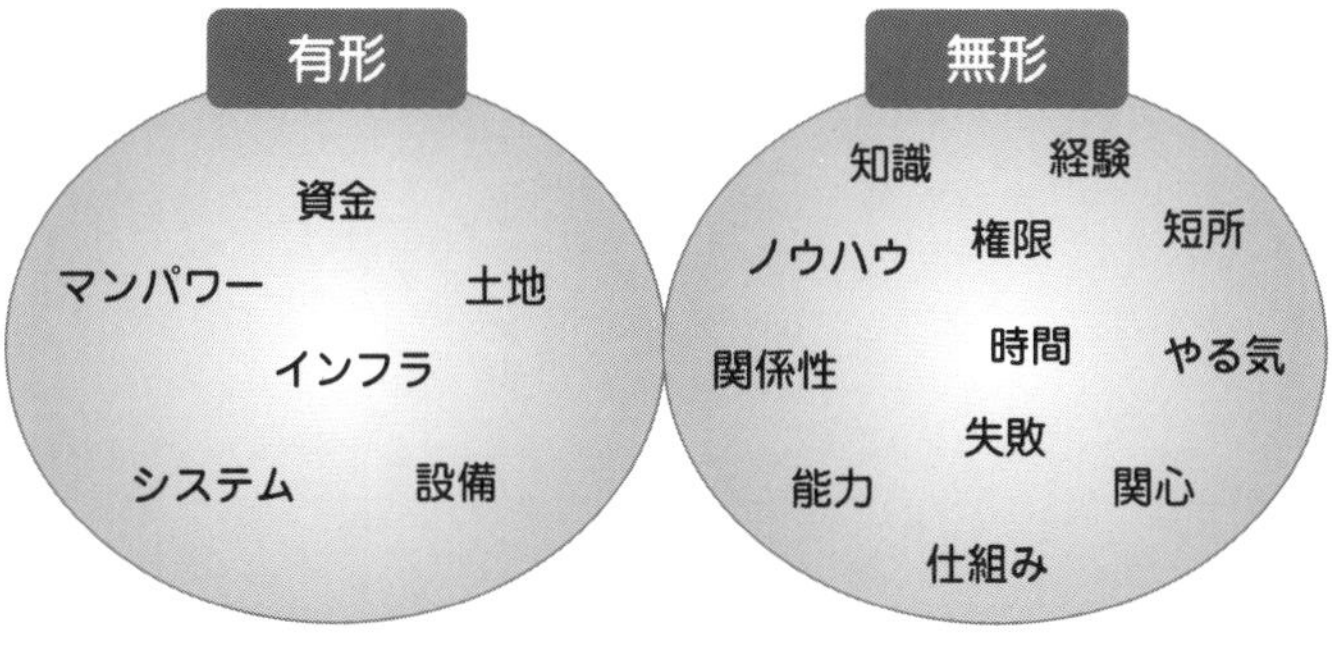

リフレーミングのやり方は二通りあります。一つは捉え方を変えて、起こっていることの意味を変えるやり方です。

〔A〕ウチの課長は決断するのが遅くて、ちっとも頼りにならないよ。
〔B〕それは物事を慎重に判断しているということじゃないかな。

もう一つは、物事を解釈する背景（コンテクスト）を変えるやり方です。

〔A〕ウチの課長は決断するのが遅くて、ちっとも頼りにならないよ。
〔B〕そうかな、部長に比べれば、大分いいんじゃないかな。

あれもない、これもないと、「ないない病」に陥っているときは、こうやって無理にでも前向きに考えてみてください。きっと、気がつかなかった資源が見つかるはずです。

◆コーヒーブレイクの思わぬ効用

ありとあらゆる視点で考えたけど、やっぱりよい解決策が思いつかない。そんなときは、ウンウン唸っていても仕方ありません。一旦、休憩（ブレイク）をとりましょう。ペースを変えることから、**チェンジ・オブ・ペース**と呼びます。

皆さんは、一生懸命考え抜いた後で、フッと気を緩めたときに妙案が浮かんだという経験はありませんか。

たとえば、学生時代のテストで、解答用紙を提出して「やれやれ」と気が緩んだ瞬間に、「しまった！」とミスに気づいたと。私なんかは、逆に、「あ、そうか！」と、分からなかった問題の解き方が閃くことが多く、悔しい思いを何度もしました。

そうなんです。アルキメデスの法則をはじめ、歴史上の大きな発見は、案外、こんな状況で生まれているのです。いまや大学生の必読書となった外山滋比古著『思考の整理学』（ちくま文庫）でもこの方法が推奨されています。

対立が激しいときも同じで、煮詰まったら、一度休憩をしてコーヒーを飲んだり、外に出て体を動かしたりしてみてください。再開時には、頭も気持ちもリフレッシュして、思考の枠組みや心の余裕が広がっているはずです。クールダウンしてみると、今まで気づかなかった妙案が湧いてくるかもしれません。

デッドロックに乗り上げたら、ブレイクをとる。これも、人と人がぶつかりあう場をうまく切り盛りするノウハウとして覚えておいて損はないでしょう。

3 対立を解消する三つのアプローチ

◆新婚家庭の小さな揉めごと

意見が真っ向からぶつかりあっているとき、実際の場面では、どんなよい解決策があるのでしょうか。ここからは、一つの事例をもとに考えていきたいと思います。

〈事例〉

最近、営業主任になったばかりの太郎君。猛烈アタックの末、同じ営業所の花子さんと結婚しました。新婚生活を始めた二人ですが、共働きをしても家計は苦しく、お互いの一ヵ月の小遣いを3万円ずつと決めました。

ところがやってみると、太郎君はいろいろ物入りで、3万円では到底足りません。そこで花子さんに「お小遣いを2万円アップしてほしい」とお願いをしました。

それに対して倹約家の花子さんは「家計が苦しいのは分かっているでしょ。私も我慢しているんだから、3万円でやりくりしてちょうだい！」とけんもほろろ。新婚ホヤホヤなのに、険悪なムードになってしまいました。

さあ、皆さんなら、この二人の対立をどのように解消しますか？

◆最も典型的な二項対立の構図

対立にはいくつかの構図があることが知られています。

一番多いのが、この事例のような「一つのパイ（資源）を奪い合う」構図です。価格交渉から公共工事中止の問題まで、世の中の対立のかなりの部分はこのパターンです。

他には、地球温暖化の問題のように、利害関係者や問題の要因が循環構造となってからみあっている問題。アラブとイスラエルのように、話し合いのテーブルにつくことさえままならない紛争など、世界にはいろいろな対立の構図があります。

本書では、ビジネスパーソンが一番身近に起こる問題ということで、この事例のような、**二項対立の問題**を扱いたいと思います。他の種類の問題解決に興味のある方は、コラム4と5（P.177・211）の解説や参考文献を参照ください。

さて、その二項対立の問題ですが、解消法にもパターンがあります。第1章の話と若干重複しますが、もう一度詳しく説明しながら、それぞれの留意点について述べていきます。

◆先送りは戦略的に使おう

一つは回避です。これ以上、議論をするとまずくなるので、問題解決を先送りしてしまうやり方です。

〔太郎〕分かったよ。また、来月、もう一度相談させてくれないか。
〔花子〕いいわ。そのときまで、お互いよく考えておきましょうね。

これも一つの収め方です。まだ決着がついていないので、対立が解消できたわけではありませんが、とりあえず揉めごとは収まりました。

図表4-5　対立解消の三つのアプローチ

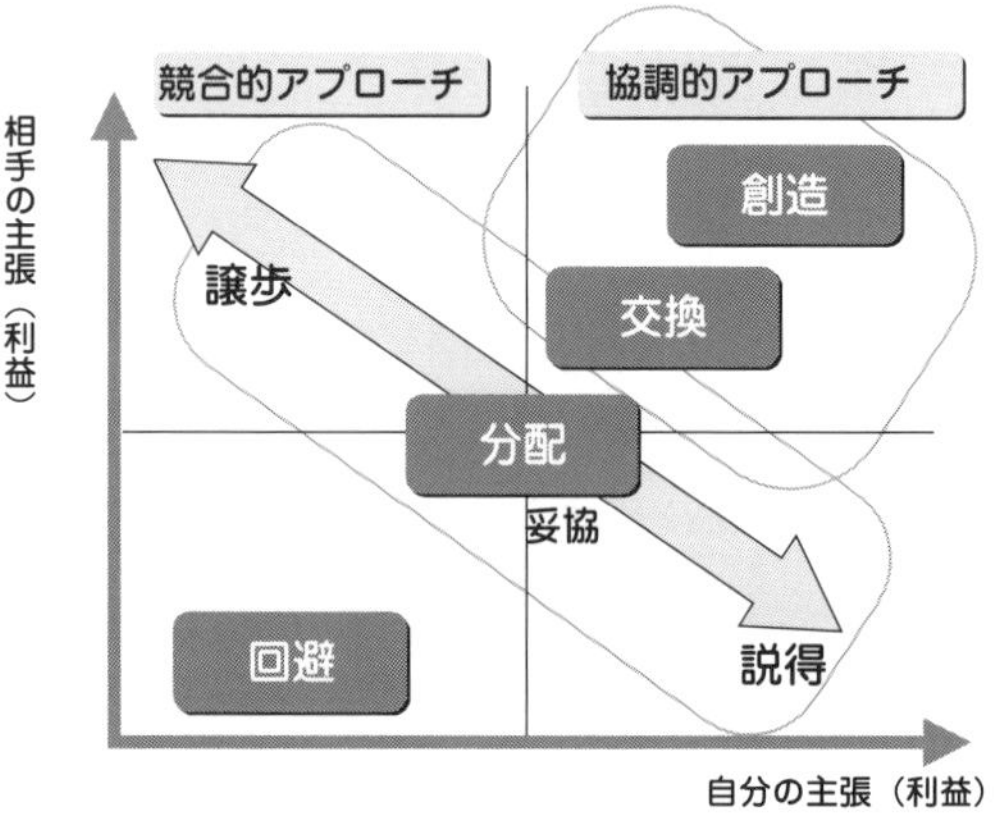

この方法が効果的なのは、時間をおくことで、状況の変化が期待できるときです。たとえば、来月になれば、お互いに冷静になれるという、気持ちの変化が見込めます。一ヵ月暮らしてみると、おおよそどのくらいの支出がかかるのか、基礎情報の精度も上がります。あるいは、来月になればボーナスが入って、資源が増えるかもしれません。

このような**状況変化の期待があるときは、先送りも悪くない方法です。**

逆にいえば、状況変化が見込めないのに、単に先送りをするのは、あまり感心できません。なぜかといえば、その間に問題が悪化したり、「あの人のせいで……」と互いの不満がエスカレートする恐れがあるからです。

なので、回避は戦略的に使うのが、賢いやり方です。どんな状況変化が期待できるか、それがどの程度で、問題解決にどんな効果をもたらすのか。両者でしっかりと話し合った上で、回避をするかどうかを判断するようにしましょう。

◆勝ち負けがつけばスッキリできるか

おそらく、このようなケースで多くの人がとるのは、太郎君が正しいのか、花子さんが正しいのかを徹底的に議論をして、勝ち負けをつけるやり方だと思います。これを**競合的アプロー**

チ、英語では**ウィン‐ルーズ・アプローチ**と呼びます。いわゆる駆け引き型の話し合いです。

これも一つの解消法であり、うまくいけば分かりやすく解決できます。実際問題、これでしか解決がつかない話も世の中にたくさんあります。ただし、マイナス面もあるので、あわせて覚えておいて上手に使い分けてください。

デメリットは、多かれ少なかれ「しこり（遺恨）」が残るという点です。

太郎君が、何とか花子さんを説得して2万円アップを勝ち取ったら、太郎君は満足です。しかしながら、花子さんは、議論で負けても気持ちが釈然としません。そうすると、かならず「次こそは……」とリターンマッチに闘志を燃やすことになります。

たとえば、太郎君が「300万円の新車を買いたい」と言ったときに、「100万円の中古車でいいわよ」となって、また夫婦の争いが再燃するわけです。

あるいは、何回やっても、花子さんは太郎君に勝てないとします。そうすると、別の問題で負けを取り返そうとします。分担している家事をサボるとか、太郎君に冷たくあたるとか……。釈然としない気持ちを、別の形で晴らそうとするのです。

◆分け前ではなく、分け方を議論する

そこで私たちがよくやるのが、**痛み分け（分配）**です。

「じゃあ1万5千円でいいよ」「5千円なら何とか」と、互いに説得と譲歩を繰り返して、どこかで妥協点を見つけるやり方です。資源の分配の仕方を議論するわけです。

〔太郎〕じゃあ、間をとって、1万円アップで手を打たないか。
〔花子〕仕方ないわね。今回はそれでいいわ。

一方的に負けにしないことで、互いの関係を大切にする、いかにも日本的な方法です。

この方法なら問題ないと思われるかもしれませんが、そうではありません。両者が半分満足するということは、半分は不満なのです。人間、どうしても不満のほうに目がいきがちで、やはり次回は少しでも取り分を増やそうと考えます。やはり、果てしなくリターンマッチが繰り広げられることにつながります。

つまり、この方法は、どう分けようが根本的な解決にならず、両者の関係においては、やはり先送りなのです。問題を〝処理〟はできますが、〝解決〟はできません。

ですので、この方法を使うときは、それを両者が分かった上で、なるべく遺恨を残さないような分け方をしてください。

具体的には、どうせ分け合うのなら、**「どう分けるか」ではなく、「何の基準で分けるか」の基準の議論にするのです。**そうすれば、醜い奪い合いにならず、多少は冷静に議論ができます。

たとえば、夫婦は平等であるという人権思想を基準にすれば、太郎君は諦めざるをえません。同世代のサラリーマンの平均小遣い額を基準にすれば、多少のベースアップは勝ち取れるかもしれません。なるべく、両者が一致できる、合理的な基準を探していきましょう。

図表4-6　分配によるアプローチ

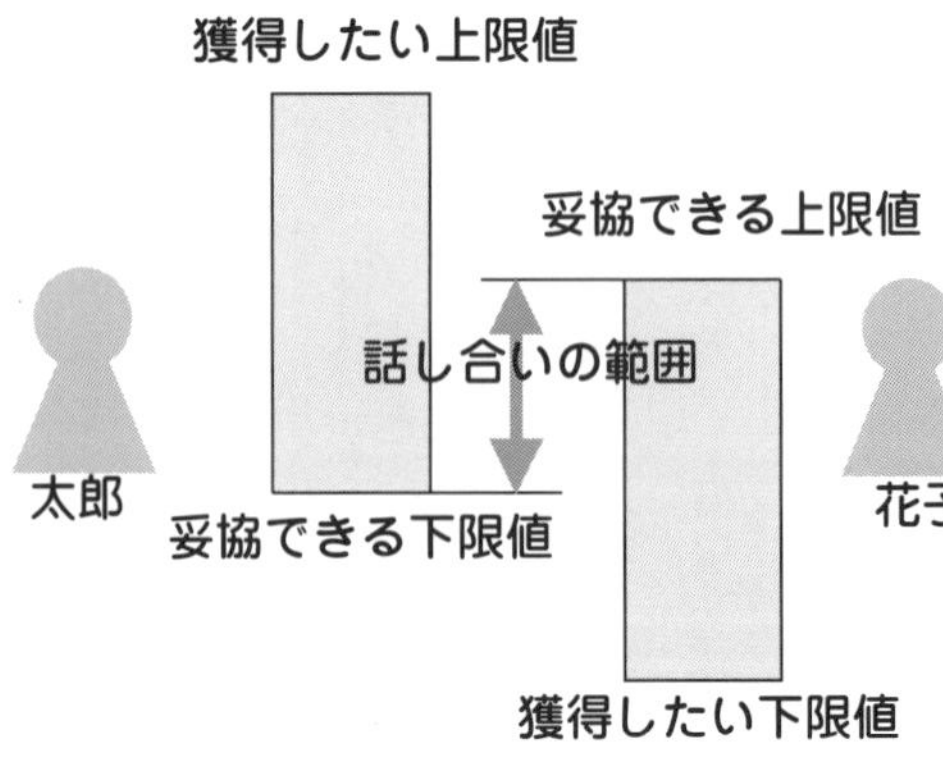

◆何か交換できる手札はないか

では、どんな手段が、両者の満足度が高いのでしょうか。

それが、本書でお勧めする**協調的アプローチ**です。英語では、**ウィン-ウィン・アプローチ**と呼びます。両者の言い分を満足させる解決策を考えて、どちらも勝者にしてしまう方法です。

協調的アプローチには、大きく二つのやり方があります。一つは**交換**です。

一方の主張を通すかわりに、もう一方の欲求を別の手段で達成させるというやり方です。

太郎君は、なぜ2万円も小遣いをアップしてほしいのでしょうか。事情をよく聞いてみると、それは太郎君のわがままでも、金遣いの荒らさでもないようです。

営業主任になると、後輩の面倒を見なくてはなりません。たまには、飲み屋で後輩の愚痴を聞いたり相談に乗ることもあるのです。そうなると、単純に割り勘といかず、太っ腹なところを見せないわけにはいきません。そんな出費がかさんで、小遣いが足らなくなったのです。

つまり、太郎君の目的は、小遣いアップではなく、後輩の面倒を見ることです。それが別の手段でできるのであれば、かならずしも小遣いを増やさなくてもよいかもしれません。

そこに気がついた花子さんが、こんな解決策を思いつきました。

〔花子〕じゃあ、我が家にみんなを呼んでらっしゃいよ。私が手料理でもてなすから。
〔太郎〕おお、それはいいかも。それなら、飲み屋でいらない金を使わなくてもすむし。

両者とも100%満足とはいかないかもしれませんが、本当の欲求は満たされているので、かなり満足度は高いはずです。後にしこりを残すことも少なくなります。

反対に、花子さんが譲るパターンもあります。太郎君が考えた交換は次のようなものです。

〔太郎〕後輩が頑張ってくれたら、僕の成績も上がって、かならず手取りが増えるから。
〔花子〕じゃあ、2万円分、頑張って稼いでね。

繰り返しになりますが、私たちはどうしても一つの目的に対して、一つの手段しかないと思いがちです。**代替案を柔軟に考えることで、新たな解決策が見つかるわけです。**

そもそも交渉下手な人というのは、交換が下手なのではないかと思います。

価格交渉でいえば、値段なら値段の一点突破で交渉を進めるわけです。そうなると、せいぜい痛み分けが関の山です。

ところが、交渉の上手な人は、数量、納期、支払い条件、アフターサービスなど、交換できる代替案や譲ってもよい資源を手札として持っておきます。そして「価格はそれでいいですが、条件をもう少しあげてもらえませんか」と、手札を切っていきます。短期的利益と長期的な利益、実質（利益）と形式（プライド）といった交換も、現場ではよく行われます。

あらかじめこういった手札を考えておいて、**どのタイミングでどの手札を切るかを考えながら、両者の満足度が一番高いセットをつくりあげていくわけです。**

◆本来の目的を見失っていないか

協調的アプローチのもう一つのやり方は**創造**です。問題の根本的な解決に向けて、両者が協力するやり方です。両者の対立を解消するというより、**対立の火種そのものをなくしてしまうアプローチです。**

先ほどのケースで、対立が起きる根本原因は何でしょょ

図表4-7　交換によるアプローチ

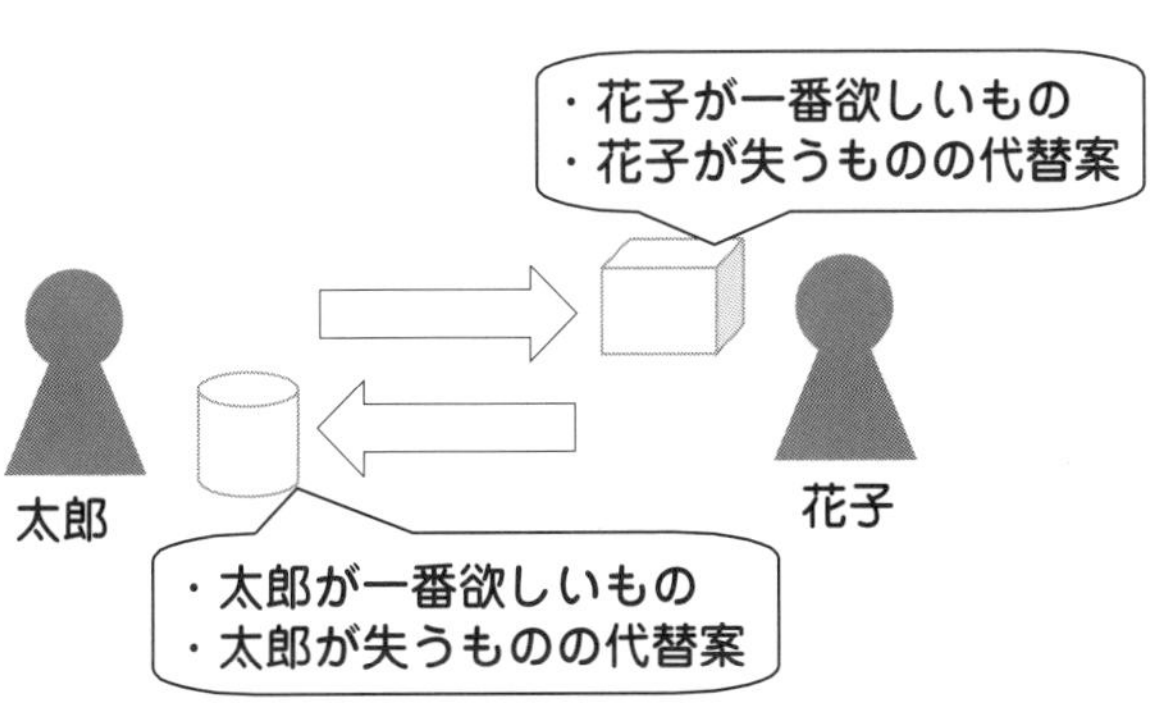

うか。

それは、営業主任という太郎君の立場でもなければ、倹約家の花子さんの性格でもありません。ズバリ、新婚家庭の家計が豊かではないということです。

ですから、両者が本来話し合わなければいけないのは、貧しい中でどう小遣いをやりくりするかではなく、どうやったら豊かになれるかです。

そこが解決できれば、もうこの話をしなくてすみます。太郎君は好きなだけ小遣いを使い、花子さんも倹約に努める必要もありません。


資源を分け合う議論ではなく、資源を増やす議論に転換させるわけです。


〔太郎〕早く、もっと給料のよい会社に替わって、君に倹約なんてさせないよ。

〔花子〕私も、実家から援助してもらうよう、頼んでみるわ。


太郎君の提案は、まさに本質的な解決です。実現には多少の時間がかかるのが難点ですが、長期的に考えれば最もよい策かもしれません。

花子さんの提案は実現性は高いですが、ちょっと安易かもしれません。でも、考え方としては頷けます。わずか2万円のことでいがみあうくらいなら、このほうがよいかもしれません。

あるいは、こんな方法もあります。

太郎君は、後輩の面倒を見るためにお小遣いが必要でした。なぜ後輩の面倒を見るかといえば、成績を上げて、給料を上げて、花子さんを幸せにしたいからです。それは花子さんだって同じはず。両者が一致できる目的は、幸せな家庭生活です。

そこまで目的をさかのぼれば、お金以外の全く違う解決策が考えられるかもしれません。

〔太郎〕仕事もいいけど、早く家族を増やして、一家そろってキャンプにでも行こうよ。
〔花子〕素敵だわ！　それなら家族全員でワイワイと楽しめるわね。

夫婦がいがみあうどころか、元の熱々のカップルに戻りました。創造的な解決策を考えることで、奪い合っていた資源そのものが必要なくなったというわけです。まあ、これは半分冗談ですが、案外、夫

図表４-８　創造によるアプローチ

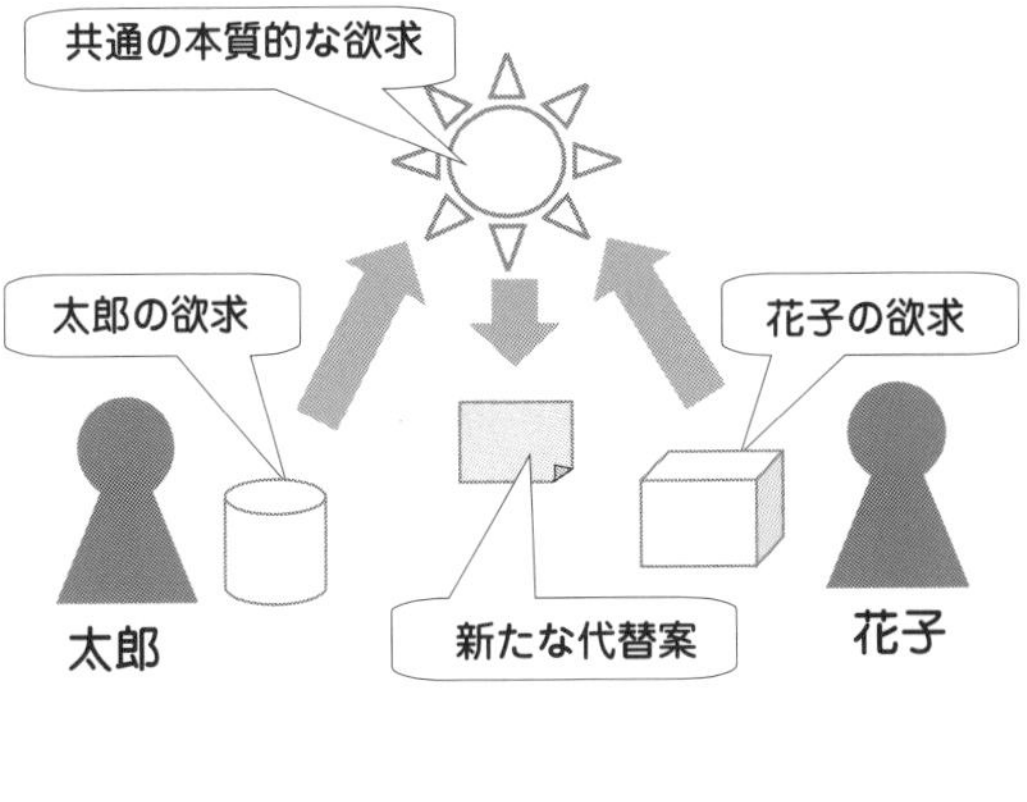

婦の揉めごとなんてこんなものかもしれません。

◆土俵を広げて両者が満足できる解決を

ここで誤解をしてほしくないのですが、私は、いついかなる場合も交換や創造をすべきだ、といっているわけではありません。

できれば、そうするのがよいのですが、時間切れになったり、よい解決策が思い浮かばなかったりということもあります。創造的なアイデアになればなるほど、実現性が下がっていき、やり過ぎると先送りと変わらなくなります。

それに、前提をはずして「そもそも論」で考えるということは、議論を戻すことに他なりません。現実問題としては、ここまで議論してきたんだからと、妥協や回避にならざるをえないこともあると思います。

なので、こう考えてください。少なくとも、対立を解消するには、いろいろなやり方があるので、**まずは議論の土俵を広げる必要があるのだと。**選択肢の幅を広げないと、どの方策を選ぶにしても納得感が下がってしまうからです。

そのためには、やはり**「お互い本当は何をしたいのか」という、本当の欲求に戻ることです。**

どうしても、対立をしているときに、見かけの欲求にとらわれがちになります。一番よくあるのは、「議論に勝つ」ことが目的化するケースです。互いに意地になってプライドとプライドがぶつかりあう状態です。

議論に勝つことが目的ではなく、問題解決することが目的のはずです。さらにいえば、問題解決をして大きな目的を達成することのはずです。そこに目がいけば、かならず両者が満足できる第3の方策が見つかるはずです。

そのために、本書で述べた、相手の背景を引き出す「共感力」、問題の本質を見つけ出す「本質力」、広い視野でアイデアを考える「視点力」を使ってほしいのです。

そうやって土俵が十分に広がったら、後は当事者が納得できる基準で選んでもらえば結構。私がとやかくいう筋合はなく、そもそも問題解決に正解はありません。期待利益、実現性、投入資源などを考えて、一番バランスのよいアイデアを選ぶようにしましょう。

ただ、そのときの姿勢として、**「両者の満足度を最大にする」という基本原則だけは、忘れないようにしてください。**

第4章のまとめ

❶ 話し合いに十分に参加し、選択肢の幅を広げた上で、みんなが正しいと思える基準で選べば、合理性と納得性のある意思決定ができます。

❷ 全員が納得できる一つのアイデアをつくるのがコンセンサスです。そのためには、異なるアイデアをどう統合していくのかの知恵を出し合うことが鍵となります。

❸ 対立解消の邪魔をする「思い込み」を打ち破るには、人、時間、空間、目的など問題を見る視点や切り口（フレームワーク）を強制的に切り替えることが効果的です。

❹ 隠れた前提を打ち破る質問法や、問題を見る枠組みを変える「リフレーミング」をうまく使うと、視点が広がっていきます。

❺ 二項対立の問題の決着のつけ方はいくつかあります。どれがよいかは状況によって変わります。議論の土俵を広げた上で、両者の満足度を最大にする方法を選ぶようにしましょう。

〈回避〉状況の変化を見極めて、戦略的に先送りをするようにしましょう。

〈分配〉何の基準で分けるかの議論にすることで、しこりが少なくなります。

〈交換〉代替案を柔軟に考えることで、満足度の高い問題解決ができます。

〈創造〉本当の欲求に立ち戻り、根本的な解決に向けてチャレンジしていきましょう。

コラム4 ホールシステムズ・アプローチ

主に本書で扱ったのは、二人の意見がぶつかりあう、二項対立の問題です。ところが問題の中には、多数の人々の意見が食い違う場合がたくさんあります。そうなってくると、本書の内容に加えてコンセンサス・ビルディング（合意形成）の考え方を取り入れなければいけません。

コンセンサス・ビルディングでは、問題に関わる全員が同意できる案をつくることを目指します。社会的な合意形成の分野では、コンセンサス会議やプラーヌンクスツェレなどの手法が、欧米を中心に実践されています。

最近では、「熟議民主主義」という言葉も耳にするようになってきました。合意形成に向けての討議を通じて、意見や判断を変化させていくことの重要性が見直されてきているからです。

一方、ビジネス分野で注目を浴びているのが「ホールシステムズ・アプローチ（集合的対話）」。テーマに関わるすべての利害関係者を一堂に集め、対話を繰り返しながら合意形成や問題解決をしていく手法です。90年代のアメリカで生まれ、コミュニティ開発、組織開発、教育学習、紛争解決などで活用されてきました。ワールドカフェ、オープンスペーステクノロジー、フューチャーサーチ、ＡＩなどの手法が提唱されています。チームのまとまりが悪い、ビジョンが共有できてない、などの悩みをお持ちの方は試してみてください。

第5章

協調的な問題解決を実践してみよう！

本書の締めくくりに、理解度を深めるエクササイズをいくつか試してみましょう。演習問題を読んで、どんな話し合いをすればよいのか、どんな解決策があるのかを考えてみてください。その上で解説を読むと、理解度がさらに深まります。

1 互いのホンネが見えない ～上司と部下の対立

◆そんなの10年早い！

マーケティング課のAさんは、今の仕事にマンネリを感じています。言われたことを右から左へこなすだけで、やりがいがありません。それに、上司のB課長は、自分の好きなように仕事をやらせてくれず、細かいところまでチェックが入り、何度もダメ出しをさせられます。

そんなある日、新しい組織のメンバー公募の案内が掲示板にアップされました。新しいビジネスを企画する若手のマーケッターを募集したいとのこと、Aさんも条件に当てはまります。ところが、応募するには上司の許可が要り、勇気を出して切り出してみました。

〔Ａ〕課長。ちょっと相談があるんですが、今、よろしいですか？

〔Ｂ〕ン、どうした？　急にあらたまって。

〔Ａ〕先日、本社から新規ビジネス企画室のメンバー公募のお知らせがきていましたよね。思い切ってあれに応募しようかと思っているんですが……。

〔Ｂ〕おいおい、どうした。今、君に抜けられたらウチの課はどうなるんだい。ただでさえ人員削減でてんてこ舞いなのに。それくらいは、分かるだろ。

〔Ａ〕ハイ、私が抜けると人手が足らなくなるのは十分に分かっているのですが、せっかくのチャンスだし、この機会を逃すと次はいつになるか……。

〔Ｂ〕そんな、自分の都合ばかり言ってどうするんだ。それに、新規ビジネスを立ち上げるには、経営の知識がいるんだぞ。まだマーケティングも十分でないのに、10年早いよ。

〔Ａ〕やっぱり無理ですか……。そう言われるんじゃないかと思っていました。

〔Ｂ〕当たり前じゃないか。そんな寝言みたいなことを言っていないで、仕事、仕事。ところで、昨日やり直しを頼んだ資料はできたんだろうな。

〔Ａ〕いえ、まだ。よいアイデアが浮かばなくて……。

〔Ｂ〕ほら、見ろ。だから君は……。

◆互いのレッテルを剥がそう

やりとりだけを見ると、部下の話をロクに聞かずに自分の都合を押し付けているB課長は、ひどい上司です。しかも、最初からAさんを「能力不足」とラベリングをしており、取り付く島がありません。そんな上司のもとから新天地に逃げ出したいAさんの気持ちは、よく分かります。

ところが、よく見ると、自分の都合を一方的に押し付けているのは、Aさんも同じです。急にいなくなっては、B課長のみならずチームのみんなにも迷惑がかかります。「どうせこの人に言ってもムダだ」とレッテルを貼っているのは、Aさんも同じです。

まずは、「共感力」を使って、**互いのレッテルを剥がして、本当に思っていることを理解し合わないといけません。それには、一度相手の立場に立って考えることです。**

〔A〕課長。ちょっと相談があるんですが、今、よろしいですか?
〔B〕ン、どうした? 急にあらたまって。
〔A〕先日、本社から新規ビジネス企画室のメンバー公募の案内がアップされていましたよね。思い切ってあれに応募しようかと思っているんですが……。

〔B〕ホ～、あれに応募しようと。まずは、理由を聞かせてくれないか？
〔A〕最近、ちょっとマンネリ気味で、新しい仕事にチャレンジしてみたいんです。
〔B〕それは今の仕事が面白くないということなのかな？　それとも私のやり方が嫌？
〔A〕いえ、そんなことはありません。もっといろいろなことを勉強してみたいというか、知識や経験の幅を広げたいというか……。
〔B〕知識や経験を広げたいのか……。私も若い頃、そうだったから、その気持ちは分かるよ。できれば応援してあげたいんだが、今の仕事についてはどう考えているのかな？
〔A〕そこなんですよね……。人手が足らない今、私が抜けると大変なのは分かっているのですが、何とかやりくりできませんかね？
〔B〕仮に、君が残るメンバーだったら、その返事を聞いてどう思うかな？
〔A〕やっぱり、ちょっと無責任だと思いますかね。
〔B〕君自身も無責任だと思うんだな。だとしたら、いかに今の仕事に悪い影響を与えず、君の願望をかなえるか、今から二人で知恵を絞ってみようか。
〔A〕そんな方法って、ありますかね？
〔B〕要するに、今のマンネリを打破できて、知識や経験が広がればいいんだろ？　たとえば……。

こうやって両者共通の課題を設定し、頭を柔らかくすれば、解決策がいろいろ考えられます。ひょっとすると、Aさんは今の仕事に不満を抱いているだけで、わざわざ異動しなくても問題は解決できるかもしれません。たとえば、次のようなアイデアが考えられます。

○回避

・急な話なので、お互いによく考えた上で、一週間後にもう一度話し合う。

○分配

・Aさんに諦めてもらう。または、Aさんを異動させ、残った仕事をどうにかやりくりする。

・Aさんを新規ビジネス企画室との兼務にしてもらう。

○交換

・Aさんに異動を諦めてもらうかわりに、新しい仕事にチャレンジさせる。

・Aさんを異動させるかわりに、かわりの人材を本社のほうで手当てしてもらう。

○創造

・マーケティング課の中で新規ビジネスを企画する仕事を立ち上げる。

・マーケティング課の戦略立案や業務改善をAさんの仕事とする。

上司と部下の対立のかなりの部分は、ホンネで話し合っていないところから生まれています。

ホンネが分からないから、どう解決していいか分からないのです。

といっても、互いのホンネを出し合うのは、この演習問題ほど簡単ではありません。時には**リーダーズインテグレーション**のような、互いのホンネを引き出す場が必要となる場合もあります。興味のある方は拙著『「ホンネ」を引き出す質問力』を参照してみてください。

2　視点の違いが露になる　～部門間の利害対立

◆出張費は一律50％カットだ！

Aさんが勤める会社は、世界同時不況のあおりを受けて苦境に立たされています。今期も大幅な赤字が間違いなく、なんらかの手を打たないと会社が維持できません。そこで、実務担当者レベルで経費削減について議論することになりました。

会議の冒頭で、Aさんが所属する海外営業部の出張渡航費について、経理課のBさんから厳しい指摘がありました。業績悪化にも関わらず出張費が減るどころか増えており、前期比50％減にしろというのです。

〔A〕冗談じゃない。そんなこと、絶対に飲めません。
〔B〕でも今は、需要そのものが落ち込んでいるんですよ。いくら、出張をして売り込みをかけても、なかなか受注につながらないいんじゃありませんか。

〔Ａ〕それは全く逆です。こういう時期だからこそ全世界を飛び回って、少しでも受注をとってこないと。それとも、経理課は、売上目標が達成できなくてもいいって言うんですか。

〔Ｂ〕誰もそんなことは言っていませんよ。売上は売上で頑張ってもらわないと。

〔Ａ〕だったら、出張費は１円も削れませんね。机にかじりついていて、どうやって受注をとれというのですか。精神論だけで数字が上がれば誰も苦労しませんよ。

〔Ｂ〕そうじゃなくて、他のやり方ができないか、そこを聞いているんですよ。足が使えないなら、頭を使ってほしいんです。

〔Ａ〕そんなことを言うなら、Ａさん、あなた一度、海外営業をやってみたらどうですか。ご自慢の、その頭を使ってね。

〔Ｂ〕それはこっちの台詞。あなたこそ一度会社の財布を預かってみればいいんだ。こんな状況で、大幅に経費をカットする以外にどんな手があるというんですか。

〔Ａ〕だったら、自分の給料でもカットしたらどうだ。もうあなたとは話にならん。今日は帰らせてもらう！

◆部門の壁を打ち破るには

どんな組織でも、一旦役割分担を決めると、組織全体の目的を達成することを忘れ、自分の役割をこなすことが目的となります。部分最適で物事を考えるようになるのです。

それと同時に、自分の縄張りに他人が踏み込んでくるのを嫌がるようになります。部門同士の関わり合いが少なくなり、「私は私、君は君。余計なことに口を出すな」と相互不可侵の状態となります。いわゆる部門の壁ができあがるわけです。

この演習問題がまさにそうです。自分の縄張りを守ることが目的化してしまい、部門の壁が問題解決の邪魔をしています。

しかもやっかいなのは、与えられた役割によって、置かれた背景や大切にしているもの、すなわちコン

図表5-1　ライン部門とスタッフ部門の目線の違い

	ライン部門（開発、製造、営業、物流等）	スタッフ部門（企画、人事、財務、法務等）
視点	ミクロ視点	マクロ視点
スパン	短期的（戦術的）	長期的（戦略的）
思考法	帰納的（積み上げ）	演繹的（そもそも論）
考え方	現実論（現場主義）	理想論（あるべき姿）
スタイル	問題解決型	目標達成型
志向	顧客志向	戦略志向

テクストが違うことです。自分の主張が正しく、相手の主張は理不尽なものだと思い込んでしまうのです。

まずは、「共感力」と「本質力」を使って、互いの言い分がどちらも正しいことを認め合い、今、何をなさないといけないのか、上位の目的を共有することです（例：今期の赤字を最小化する）。

その上で、「視点力」の出番です。**部門の壁を越えて、部分最適ではなく、全体最適で物事を考えられるよう、視点を転換するようにしましょう。**

具体的には、相手に要求をつきつけるのではなく、自分の役割の中で何ができるか。相手の役割に対してどういう貢献ができるか。相手からどういう支援をしてほしいか。**互いの領分を越えて本気で踏み込み合ってはじめて、新しい解決策が見つかります。**そうすることで、本当の意味での仲間になれます。

〔B〕営業部のお立場は分かりました。たしかに売上が落ちたら、経費削減の効果なんてふき飛んでしまいますよね。では、海外営業部として、利益改善に対して何ができますか？　たとえば、我々は……という施策を本社の中で独自に取り組んでいこうと考えています。

〔A〕なるほど、本社でもいろいろ苦労して取り組みを進めているんですね。我々としてできることといえば……（以下略）。
〔B〕なるほど、いろいろやれそうじゃないですか。心強い限りです。では、次にお聞きしたいのですが、我々本社サイドにやってほしいということはありませんか。微力ながら、営業活動をバックアップできることがあれば、精一杯やらせていただきます。
〔A〕そこまで言ってくださるとは、大変有難い。では、一つだけお願いが……（以下略）。
〔B〕分かりました。前向きに検討させていただきます。その上で最後のお願いですが、先ほど述べた本社サイドの活動に、営業部としても協力できることって、何かないでしょうか。どんなことでもいいのですが、我々を助けてもらえませんか？

この演習問題では、次のような解決策が考えられます。たとえ、回避や分配であっても、部門の壁を打ち壊し、全体最適で考えた上であれば、納得感ははるかに高まるはずです。

○回避

・今日はペンディングにしておいて、次回に再度検討する。

○分配

・出張費50％カットを認める。または、出張費のカットを撤回させる。

・間をとって、出張費のカットを25％にする。

○交換

・出張費50％カットするかわりに、本社から人的な支援を営業部に対して行う。

・出張費のカットを撤回するかわりに、売上目標をさらに上積みする。

○創造

・本社部門と営業部門が一丸となって、新規商品の開発を進める。

・全社員等しく給料をカットして必要な営業費用を捻出する。

3 理屈と気持ちがすれ違う ～会社と顧客の対立

◆話にならん。社長を呼べ！

「いったい、いつまで待たせる気だ！」。すごい剣幕のAさんの声があたりに鳴り響いています。

中堅システムハウスのBさんの会社では、自社PRの一環として「IT戦略で不況を乗り切れ！」と銘打った「業務改革シンポジウム」を企画しました。午前は、マスコミにもよく登場する人気コンサルタントの講演会、午後からはテーマごとに分かれて分科会を開催します。

多くの方から事前申し込みがあったのはよかったのですが、費用の徴収や午後の分科会の登録確認に手間取り、受付が長蛇の列となってしまいました。講演会の時間が迫る中、とうとうイライラした受講者の一人Aさんが、受付責任者のBさんに食ってかかったのでした。

〔A〕おい、君。いったい、いつまで待たせる気だ！

〔B〕大変申し訳ありません。受付が大変混雑しており、もうしばらくお待ちください。
〔A〕何？　受付が混雑しているって！　そんなの最初から分かっていたはずじゃないか。もっと人を増やして、さっさと捌いたらどうなんだ。
〔B〕それが、予想外に多くの方から事前申し込みをいただき、人手が足らなくなってしまったのです。それに、受付にも段取りがあって、誰でも手伝うというわけには……。
〔A〕それは、君のところの都合だろ。こっちの知ったことじゃない。それをどうにかするのが、君の仕事なんじゃないのか。
〔B〕誠に申し訳ありません。なかには、登録した分科会を変更してほしいとか、現金ではなく振込みにしてほしいとか、領収書を2枚に分けてほしいとか、ご要望がいろいろあって……。
〔A〕なんだ、受付が混んでいるのを客のせいにするのか！
〔B〕いえいえ、そんなことはありません。ただ、混んでいる理由を説明しているだけで……。
〔A〕そんなのを聞いても仕方がない。早く受付ができるようにしてほしいと言ってるんだ！
〔B〕ですから、さっきから申し上げているように、当方としても全力でやっているのですが、一時にたくさんの方にご来場いただき……。
〔A〕もう君のような若造じゃ話にならん！　社長を呼べ！

◆なぜ人はモンスターになるのか

こういうときこそ「共感力」が威力を発揮します。まずは、お客様の気持ちをしっかりと受け止めることが大切です。そうしないと、感情を受け止めてくれなかったことがさらなる怒りを呼び、ますます怒りが増幅していくからです。

もちろん、こちらの事情を伝えることも大切です。しかしながら、それは相手の気持ちがおさまった上での話。それをしないうちに、できない理由を伝えても火に油を注ぐだけです。**まずは、相手に精一杯共感をして、気持ちを受け止めることに専念しましょう。**

〔A〕いったい、いつまで待たせる気だ！
〔B〕（心を込めて）長い時間お待たせして、本当に申し訳ありません。お客様がお怒りになるのはごもっともです。受付の責任者としてお詫びのしようもありません（平身低頭）。

〔A〕こっちは、もう20分も待っているんだぞ。こんなことをしていると、講演会が始まってしまうじゃないか。
〔B〕お～、もう20分も立ちっぱなしですか。それはイライラしますし、疲れも溜まることでしょう。心からお詫びいたします。

そうやってある程度、気持ちが落ち着いたら、「本質力」を使って、**少し相手の本当の欲求を探ってみましょう。**立ち疲れをどうにかしてほしいのか、早く中に入ってよい席を確保したいのか、退屈さを紛らわしたいのか……。それが分かれば、対処のしようもあります。

〔A〕お詫びはいいから、何とかしろよ。それを考えるのが君の仕事じゃないか。
〔B〕おっしゃるとおりで、少しでも混雑を減らそうと、私もさっきまで受付を手伝っていたのですが、手馴れた人がやらないとミスばかり。それで、私はお客様にお詫びするほうに回っているわけです。
〔A〕だからお詫びはもう分かったって。みんなずっと立ちっぱなしで待っているんだぞ。ほら、あそこの年配の人を見てみろよ。気の毒だと思わないのか。
〔B〕それは気づきませんでした。早速、椅子をお持ちしたいと思います。もしよろしければ、あなた様にもご用意いたしましょうか？

なかでも多いのは、人間として大切にされていないこと自体に怒っているケースです。典型的なのがクレーマーやモンスターと呼ばれる人たちです。普段の生活や人生の中で満たされない自尊感情（自己愛）を抱え、そのはけ口として攻撃しやすいところに文句をつけているのです。

両者が一致できる目的は、待ち時間の短縮でも、クレームをなくすことでもなく、お客様の満足です。あまりに常軌を逸したケースはともかく、**相手の自尊感情をどうやって満たすかを考え、そのために本気で関わろうとすることが大切です。**場合によっては、その姿勢を見せるだけで、「そこまでいってくれるなら、もういいよ」と対立がなくなるかもしれません。

できれば、最終的な解決は、「視点力」をうまく使って、**クレーム内容そのものではなく、別の手段で満たしてあげたいところです。**本書でいう、交換や創造です。

○回避

・何を言われてもじっとこらえて、Aさんの受付が終わるのを待つ。

○分配

・今までどおり受付を進める。あるいは、受付を諦めて、講演会後にやる。

・受付人員を増やしたり、受付の手順を簡略化して、少しでも待ち時間を少なくする。

〇交換

・長く待たせた方におわびの品を配ったり、割引をしたりする。
・待ちたくない方を優先的に通すかわりに、最後列にすわってもらう。

〇創造

・待たせている間にビデオを流すなど、退屈さを紛らわせるサービスを提供する。
・講演者にロビーに出てきてもらい、待っている人に声をかけてもらう。

ただし、「共感力」や「本質力」が十分に発揮できていない段階で交換条件を持ち出すと、要求をどんどん吊り上げられてしまい、余計にやっかいなことになります。第3章で述べたように、どこで問題を転換させるか、どこで手札を切るか、タイミングには重々注意しましょう。

4 見えない力が抑圧を生む　～親会社と取引先の対立

◆そんな、無茶な！

Aさんは、中堅機械機器メーカーの購買担当者です。一昨日、お得意様から急な受注が大量に舞い込み、急いで増産をしないといけなくなりました。ところが主要部品を生産している系列の取引先は、現在フル生産状態で、とても増産には応じられる状況ではありません。電話では埒が明かないので、取引先のBさんを呼び出したのですが、今度ばかりは難しそうな状況です。Aさんは、どう説得しようか考えあぐねています。

〔A〕そう言われても、何とかしてもらわないと、ウチとしても困るんですがね……。
〔B〕お気持ちは分かるのですが、できないものはできないんです。先月も同じような話があり、フル生産状態なのは、ご存知のはずではなかったのですか。
〔A〕もちろん、無理な要求に精一杯応えてもらっていることには、感謝していますよ。逆にいえば、今までできたんですから、今回も何とかできるんじゃありませんか？

〔B〕そんな無茶な。人手や部材は走り回ってどうにか確保できたとしても、生産設備が足らなくなっちゃうんです。もう24時間フル稼働状態ですから。
〔A〕だったら、この際思い切って、設備を増やしたらどうですか？
〔B〕そんな簡単に言わないでくださいよ……。先行きが見えないなか、ここで安易に設備を増やしてしまうと、後で命取りになりかねません。
〔A〕大丈夫ですって。中国向けの輸出は絶好調。これからもますます需要は伸びますから。
〔B〕それがあてになればいいんですか……。このご時世、設備を増やしてリスク背負おうなんて会社、どこにもありませんよ。
〔A〕どうしても無理だとおっしゃるんですか……。でしたら、ウチとしても他の調達先を当たらなければいけません。それはそれで、そちらも困るんじゃありませんか？
〔B〕え、ちょっと待ってくださいよ。ウチの他にそんなところがあるんですか？

◆ランクを超えて本質的な解決を

無理難題をふっかけるAさん、最後は脅しを使って口説き落とそうとしました。これでは、相手を説得できても、本当の意味で問題解決したとはいえません。

AさんとBさんは、親会社と取引先という立場の違いはあっても、最終的な目的は同じです。一蓮托生で共存共栄をしていかないといけない仲間です。「本質力」と「視点力」を使って、本当の問題を解決しないと、また同じ過ちを繰り返すことになります。

〔B〕分かりました。そこまでおっしゃるなら、今から設備投資が間に合うか検討してみます。ただし、御社からの貸与という形でお願いするとか、かかった費用を部品価格に上乗せするとか、交換条件がつきますが、それでよろしいですね。
〔A〕どこまで応えられるか分かりませんが、前向きに検討させてもらいます。
〔B〕で、私が本当に相談したいのはここからなんです。最近、こんな話がずっと続いていますよね。Aさんのほうでも大変でしょう。
〔A〕おっしゃるとおりです。何とかしてほしいと私自身も思っています。
〔B〕もっとスマートにやれる仕組みをつくれないものでしょうか。たとえば、長期的な生産計画をつくって、リードタイムの長い部品だけでも数量をコミットしてもらうとか。そちらの営業の状況をリアルタイムでこちらに頂けるとか……。
〔A〕たしかにそうですね。本来は急な受注に応える生産システム、もっといえば急な受注が発生しないような営業体制を整えるべきなんでしょうね。

〔B〕そうすればあわてずにすむだけでなく、御社とのつながりが緊密になり、こっちも経営の安定につながります。そのためのシステム投資なら社長も厭わないと思いますよ。

本来、こうするべきなのを分かっていながら、Aさんが無理強いをしているのは、そうすれば最後はBさんが折れるのを知っているからです。Aさんだけが悪いのではなく、二人の相互作用で、安易な行動が「強化」されているわけです。

そこには**ランク**の力が大きく影響しています。ランクとは、性別、年齢、地位などによって生じる、心理的・社会的な階層意識です。

たとえば、どんなに上司と部下が対等に話し合っていても、上司のほうがランクが上。上司が意識するしないに関わらず、厳然とした力の差があり、知らず知らずに部下を抑圧しているわけです。しかもそれに、意思決定や評価の権限の力（**ポジションパワー**）が加わります。

ランクがやっかいなのは、**ランクの高い人はそれを自覚しにくい**という点があるからです。

たとえば、Aさんが単にお願いをしているだけでも、Bさんには抑圧的に働きます。Aさん（やその会社）の力を恐れ、弱いものいじめをされていると感じてしまうのです。その声を見失ってしまうと協調的な解決は難しくなります。

ランクを自覚するのは難しいですが、少なくともそういう力が働いていることは常に意識する必要はあります。**自分と相手のランクはどう違うか、それがこの場ではどのように作用しているか、そういう視点で対立に向き合うようにするのです。**

時には、ランクそのものが対立の原因であることもあります。ランクの違いを超えて、一人の人間として正当に扱うことで、対立が解消する場合もあることも覚えておきましょう。

最後に、この演習問題の解決策をいくつか挙げておきます。

○回避

・今日は話がつかないので、それぞれの事情を整理した上で、もう一度話し合う。

○分配

・何とかして増産の要望に応える。あるいは、増産を諦めてもらう。

・希望数量の半分だけ増産に応じる。

○交換

・増産に応じるかわりに、設備投資や納入価格の面で支援をしてもらう。

・今回は諦めてもらうかわりに、応じてくれそうなところを紹介する。

○創造

・親会社と取引先とで協力し合って、急激な需要変動に柔軟に対応できるサプライチェーンのシステムをつくる。

5 常識と常識がぶつかりあう　～企業間の異文化対立

◆ウチのやり方が当たり前？

「この人たちと一緒にやっていけるのだろうか……」。Aさんは、Bさんの顔をまじまじと眺め、不安が黒雲のように心の中で広がっていくのを感じたのでした。

典型的な日本企業のAさんの会社は、外資系のBさんの会社と合併しました。Aさんの会社は、どちらかといえば社員のコンセンサスを大切にするボトムアップ型（参加型）のマネジメント。それに対して、Bさんの会社はスピードと成果を重視するトップダウン型（管理型）のマネジメント。両社の社風は180度違います。

今日も、リーダー会議のやり方を相談していたところ、考え方がまるで違い、話が一向に前に進みません。

〔A〕え、1時間ルール？　ウチの会社では、納得がいくまでとことん話し合うのが会議だったんですよ？　1時間で切ったんじゃ、会議をする意味がなくなってしまいます。

〔B〕でも、ビジネスは時間との勝負ですよね。会議はかならず1時間で終わることをルールにすれば、スピーディに意思決定ができるじゃありませんか。

〔A〕決定はできても納得感はどうでしょうか。やはり、いろいろな角度から検討しないと……。

〔B〕ですから、そこは事前に提案者が可能性をいろいろ検討した上で、最善の案を提案して、その場では採否だけを決めればいいんです。

〔A〕急に採否を決めろと言われてもなあ……。常識的に考えれば、事前に根回しをせざるをえなくなって、かえって手間がかかっちゃいますよ。

〔B〕それは、今のやり方を前提にしているからです。やり方を変えれば、自然と個人の決定力が研ぎ澄まされ、上手く回るようになりますよ。

〔A〕果たしてそんな決め方でみんなが納得して行動できるか……。

〔B〕え、どうして行動できないんですか。組織で決定したことは、自分の意見がどうだろうが、実行するのが当たり前じゃありませんか。

〔A〕いいえ、実行しないと言っているんじゃないんですよ。十分に腹に落ちていないと、手抜きをされたり、ひどい場合は面従腹背になる恐れがあります。

〔B〕え、面従腹背ですって。なぜそんなことが許されるのですか？　信じられない！

◆新しい文化を一緒につくりあげよう

育ちの違いがあまりに大きく、話がまったくかみあいません。企業合併の他に国際交渉や、日常生活でも夫婦、親子、嫁姑などの異文化状況でよく起こる構図です。

この場合大切なのは、すでに何度か述べたように、どちらかの常識（当たり前）が正しいのではなく、双方とも正しいことを「共感力」を使って認め合うことです。**互いの文化に対する尊重の気持ちがなければ、よい解決策は生まれてきません。**

その上で、**どちらかに片寄せするのではなく、新しい文化をつくりだすことです。**この事例でいえば、新しい企業の文化や新しい仕事のやり方を、両者が一緒になって生み出すことです。

そのためには「本質力」を使って、両者がこれから目指していくものや大切にするもの、すなわちミッション（使命）、ビジョン（目標像）、バリュー（価値観）などを一緒になってつくりださないといけません。その過程こそが、両者融合のプロセスであり、そこを一緒になって乗り越えたという体験が「これから一緒に頑張ろう」という気持ちを芽生えさせてくるのです。

その上で、「視点力」を使って、いろいろな可能性を検討する中で、今までにない新しいやり方を見出していきましょう。いわば、本書の内容の集大成が、異文化の対立解消にあるわけです。

〔A〕まずは原則を確認させてほしいのですが、これからいろいろなことを一緒になって決めていかないといけないのですが、その際には「両者対等」ということでよろしいでしょうか？

〔B〕もちろん、それで結構です。互いの違いを尊重して、オープンでフラットに議論していきましょう。新会社に大きな期待を寄せている顧客のためにもね。

〔A〕オープンでフラットはいいですね。それともう1点。これからの話し合いは、どちらかのやり方を採用するのではなく、新しいやり方をつくりだすというのはいかがでしょうか。

〔B〕それも賛成です。我々の力で是非、新しい文化や風土をつくりだしましょう。いわば、我々はパイオニアというわけですね。

〔A〕では、この話もそれで考えませんか？　1時間にするとか、無制限にするとかではなく、スピードと納得感を両立させる、新しいやり方を考えると。

〔B〕いいですよ。何かよいアイデアをお持ちですか。

〔A〕我々は、考え方は違っても、リーダー会議を効果的に進めたいという点では一緒ですよね。となると、一番よいのは、会議をせずに問題解決ができることなんじゃないでしょうか。
〔B〕え、そんなことができるのですか？
〔A〕たとえば、リーダーの皆さんは、新会社の方針や戦略を現場に浸透させるのに注力する。細かい案件は、なるべく現場に下ろして現場で相談して決めてもらう。こうすれば、トップダウンとボトムアップを兼ね備えた、新しいマネジメントができるんじゃありませんか？

実際には、こんな簡単に方向転換できず、根深い対立に発展することがあります。ランクの強いほうが自分たちの軍門に下れと押し付け、それに対して弱いほうがわがままを言って抵抗する。そんな、総論賛成／各論反対の構図になることが多くなるからです。それは無意識に強いほうが弱いほうを抑圧しているためであり、対等に扱われることを要求しているわけです。前の問題で述べた、ランクの力に十分注意して、話し合いを進めることも大切になります。

ここでも最後に、可能性のある対立解消の方法をいくつか挙げておきます。

○回避

・双方のやり方のメリット・デメリットを整理した上で、もう一度議論する。

○分配

・１時間ルールか、時間無制限か、どちらかのやり方を採用する。
・両者の主張の間をとって、２時間程度に制限することにする。

○交換

・１時間ルールを採用するかわりに、効果的な会議のスキルを習得する研修をする。
・時間無制限にするかわりに、リーダーが決裁する権限を大きくする。

○創造

・新しい会社のミッションやビジョンをしっかりと共有させた上で、意思決定の権限をできるだけ現場に下ろし、現場で話し合って決められるようにする。

第5章のまとめ

① 上司と部下の対立のかなりの部分は、互いにホンネで話し合っていないところから生まれてきます。互いのレッテルを剥がし、それぞれの立場を分かり合い、新たな解決策に向けて知恵を出し合っていきましょう。

② 部門間の対立は、部門の壁を越えて、部分最適ではなく、全体最適で物事を考えられるよう、視点を転換することが大切です。互いの領分を越えて本気で踏み込み合ってはじめて、新しい解決策も見つかり、本当の意味での仲間になれます。

③ 会社と顧客の対立では、相手の自尊感情をどうやって満たすかを考え、そのために本気で関わろうとする姿勢が鍵となります。その上で、「視点力」をうまく使って、本当の欲求を別の手段で満たしてあげるのが得策です。

④ 親会社と取引先のように互いの立場に力の差があると、納得感のある解決が難しくなります。自分と相手のランクはどう違うか、それがこの場ではどのように作用しているか、そういう視点で対立に向き合うようにしなければなりません。

⑤ 異文化がぶつかりあう場では、互いの文化を尊重することが出発点。その上で一方に片寄せするのではなく、新しい文化をつくりだすことを目指して粘り強く対話を進めましょう。

コラム5　紛争解決ワークショップ

残念ながら、世の中には話し合いすらままならない深刻な対立があります。典型的なのが民族問題です。長きにわたって戦いを繰り広げてきた人たちの、憎しみや暴力の連鎖を食い止めるのは容易なことではありません。おそらく、私たちができることは、敵同士を同じテーブルにつかせて対話を進めることだと思います。

たとえば、「グレンクリー平和和解センター」では、北アイルランド紛争後の融和に向けての取り組みを行っています。紛争の当事者同士が、4日間同じ屋根の下で暮らし、胸にしまいこんだ憎しみや苦しみを洗いざらい打ち明け合っていく。そうすることで、敵も自分と同じ苦しみを持つ一人の人間であることを理解し、新たな旅立ちをしようという気持ちになるのです。

こういった取り組みは、世界のあちこちで行われており、アダム・カヘン著『手ごわい問題は、対話で解決する』の中でもさまざまな事例が紹介されています。なかでも、よく知られているのが、心理学者のアーノルド・ミンデルが提唱する「ワールドワーク」です。ワールドワークでは、個人の心の問題から民族間の対立まで、あらゆる人間関係の紛争に果敢に取り組んでいきます。利害や世界観が異なる人たちが集まって、深い対話を繰り返す中で、和解と融合を生み出していきます。詳しくは、A・ミンデル著『紛争の心理学』をご参照ください。

あとがき

「智に働けば角が立つ。情に竿差せば流される。意地を通せば窮屈だ。兎角に人の世は住みにくい。」

有名な夏目漱石の小説『草枕』の冒頭の一節です。解説をするまでもなく、論理ばかりを振りかざすと軋轢を生み、相手の感情を気遣っていると足元をすくわれ、無理に意地を通そうとすると身動きがとれなくなる、という意味です。

今も昔も、人生は葛藤と軋轢の連続で、ストレスが溜まることだらけです。なかなか自分の思うようにならず、本当に世の中は住みにくいものです。

だからといって、ため息ばかりついていても仕方ありません。こういうときこそ、リフレーミングの技が生きてきます。「だから、世の中は楽しいのだ!」と、発想を転換しましょう。

本文では述べませんでしたが、対立や葛藤の大きな利点の一つに、それが成長につながることがあります。

人は、一人では学習できず、人との関わりの中で成長を続けていきます。自分と考え方が違う人に出会ったときは、発見や成長の大きなチャンス。自分の思い込みに気づき、知らなかった世界を学び、自分の枠組みを広げてくれます。

つまり、「ギャップはヒント」なのです。

対立は嫌がるものでも、避けるものでもありません。無用な軋轢は避けるべきですが、どんどん人とぶつかって、互いに磨きをかけていきましょう。苦手意識を捨て、「これは面白くなってきた」と、対立を"楽しむ"気持ちを持てば、新しい知恵やエネルギーが湧いてきます。

まさに、「ピンチはチャンス」です。

本書では技法やテクニックばかり述べましたが、そんな心構えを持つことが、対立を解消する大きな秘訣なのです。

最後に、お世話になった方に一言お礼を言わせてください。

筆者がファシリテーターを務める会議、ワークショップ、研修などに参加してくださった皆さん。そこで得た数多くの発見が本書の内容の核になっています。一人ひとりお名前を挙げることはできませんが、精一杯の感謝の気持ちをお伝えしたいと思います。

日本ファシリテーション協会の皆さん。毎月の定例会のワークショップを通じて、数々のヒントやアイデアをいただき、心から感謝をいたします。定例会に勝る学習の場はないといつも思っています。これからもよろしくお願いいたします。

執筆の機会をくださり、素晴らしい本にまとめてくださった、産業能率大学出版部の田中秀章さんと福岡達士さん。ここまでこぎつけられたのは氏の励ましとアドバイスのお陰だと感謝しています。

そして最後に、一番身近にいて、日々の葛藤の中から数多くの教訓を学ばせてくれた愛妻と愛娘たち。本当にありがとう！

ブックガイド

・堀公俊『問題解決ファシリテーター』（東洋経済新報社）２００３年
・堀公俊『問題解決のヒント！』（同文舘出版）２００４年
・堀公俊『「ホンネ」を引き出す質問力』（ＰＨＰ新書、ＰＨＰ研究所）２００９年
・堀公俊、加藤彰『ロジカル・ディスカッション』（日本経済新聞出版社）２００９年
・堀公俊『ワクワク会議』（日本経済新聞出版社）２００９年
・中野民夫、堀公俊『対話する力』（日本経済新聞出版社）２００９年
・エレン・レイダー、スーザン・Ｗ・コールマン（鈴木有香、中野恵美訳）『協調的交渉術のすすめ』（アルク）１９９９年
・野沢聡子『問題解決の交渉学』（ＰＨＰ新書、ＰＨＰ研究所）２００４年
・ローレンス・Ｅ・サスカインド、ジェフリー・Ｌ・クルックシャンク（城山英明、松浦正浩訳）『コンセンサス・ビルディング入門』（有斐閣）２００８年
・鈴木有香『交渉とミディエーション』（三修社）２００４年
・鈴木有香『人と組織を強くする交渉力』（自由国民社）２００９年
・アダム・カヘン（ヒューマンバリュー訳）『手ごわい問題は、対話で解決する』（ヒューマンバリュー）２００８年
・北川達夫、平田オリザ『ニッポンには対話がない』（三省堂）２００８年
・デヴィッド・ボーム（金井真弓訳）『ダイアローグ』（英治出版）２００７年
・中島義道『〈対話〉のない社会』（ＰＨＰ新書、ＰＨＰ研究所）１９９７年
・印南一路『すぐれた意思決定』（中公文庫、中央公論新社）２００２年
・中島一『意思決定入門　第２版』（日経文庫、日本経済新聞出版社）２００９年

・佐久間賢『交渉力入門　第3版』（日経文庫、日本経済新聞出版社）２００７年
・平原由美、観音寺一嵩『戦略的交渉力』（東洋経済新報社）２００２年
・フィッシャー&ユーリー（金山宣夫、浅井和子訳）『ハーバード流交渉術』（知的生きかた文庫、三笠書房）１９９０年
・ウィリアム・ユーリー（斎藤精一郎訳）『ハーバード流〝NO〟と言わせない交渉術』（知的生きかた文庫、三笠書房）１９９５年
・マックス・H・ベイザーマン、マーガレット・A・ニール（奥村哲史訳）『マネジャーのための交渉の認知心理学』（白桃書房）１９９７年
・ウィリアム・L・ユーリ、ステファン・B・ゴールドバーグ、ジーン・M・ブレット（奥村哲史訳）『「話し合い」の技術』（白桃書房）２００２年
・A・ミンデル（青木聡訳）『紛争の心理学』（講談社現代新書、講談社）２００１年
・ウィリアム・J・クレイドラー、リサ・ファーロン（プロジェクトアドベンチャージャパン訳）『対立がちからに』（みくに出版）２００１年
・リンダ・ランティエリ、トム・ロドリック、ペギー・レイ、シェイラ・アルソン『創造的に対立解決』（開発教育協会・立教大学ESD研究センター）２００９年
・君島東彦編『平和学を学ぶ人のために』（世界思想社）２００９年

さくいん

あ行

か行

ま行

ら行

わ行

SANNO仕事術シリーズ

産業能率大学出版部は、マネジメントの総合教育・研究機関である（学）産業能率大学の関連出版部門として、これまで実務に役立つ数多くの経営書・一般教養書などを発行してきました。

本シリーズは、これまで培ってきたノウハウを生かし、ビジネスパーソンが仕事を効率よく進め、確実に成果を上げるために必要なさまざまな「ビジネス基礎力」について、実務に生かせる実践的ビジネス書としてまとめ、シリーズ化して刊行されたものです。

著者略歴

堀　公俊（ほり・きみとし）　fzw02642@nifty.ne.jp

堀公俊事務所代表、組織コンサルタント、日本ファシリテーション協会前会長。

1960年、神戸生まれ。1984年、大阪大学大学院工学研究科修了。大手精密機器メーカーにて商品開発や経営企画に従事。95年より組織改革、企業合併、教育研修、コミュニティ、NPOなど多彩な分野でファシリテーション活動を展開。2003年に有志とともに日本ファシリテーション協会を設立し、初代会長に就任。研究会や講演活動を通じてファシリテーションの普及・啓発に努めている。ロジカルでハートウォーミングなファシリテーションは定評がある。関西大学商学部非常勤講師、法政大学キャリアデザイン学部兼任講師を歴任。


【著書】

『ファシリテーション入門』『ワークショップ入門』（以上、日経文庫）、『問題解決ファシリテーター』『組織変革ファシリテーター』（以上、東洋経済新報社）など多数がある。

ビジネス対話の技術
ー相手も自分も納得するー

〈検印廃止〉

著　者　　堀　公俊
発行者　　飯島　聡也
発行所　　産業能率大学出版部
東京都世田谷区等々力6-39-15　〒158-8630
（電話）03（6432）2536
（FAX）03（6432）2537
（振替口座）00100-2-112912

2010年2月24日　初版1刷発行
2017年12月20日　　6刷発行

印刷所　渡辺印刷　製本所　協栄製本

（落丁・乱丁本はお取り替えいたします）

ISBN978-4-382-05619-0